日本妖怪化物史

[日]江马务 著

王子豪 译

中国友谊出版公司

图书在版编目（CIP）数据

日本妖怪化物史 /（日）江马务著；王子豪译 . -- 北京：中国友谊出版公司，2022.8
ISBN 978-7-5057-5507-9

Ⅰ.①日… Ⅱ.①江…②王… Ⅲ.①鬼—文化—介绍—日本 Ⅳ.①B933

中国版本图书馆 CIP 数据核字 (2022) 第 112547 号

著作权合同登记号　图字：01-2022-1860

NIHON YOKAI HENGESHI
BY Tsutomu EMA
Copyright © 1976, 2004 Tsutomu EMA
Original Japanese edition published by CHUOKORON-SHINSHA, INC.
All rights reserved.
Chinese (in Simplified character only) translation copyright © 2022 Ginkgo (Beijing) Book Co., Ltd.
Chinese (in Simplified character only) translation rights arranged with CHUOKORON-SHINSHA, INC. through Bardon-Chinese Media Agency, Taipei.
本书简体中文版权归属银杏树下（北京）图书有限责任公司

书名	日本妖怪化物史
作者	[日]江马务
译者	王子豪
出版	中国友谊出版公司
发行	中国友谊出版公司
经销	新华书店
印刷	嘉业印刷（天津）有限公司
规格	787×1092 毫米　32 开　6.75 印张　119 千字
版次	2022 年 8 月第 1 版
印次	2022 年 8 月第 1 次印刷
书号	ISBN 978-7-5057-5507-9
定价	38.00 元
地址	北京市朝阳区西坝河南里 17 号楼
邮编	100028
电话	（010）64678009

目 录

自 序 i

日本妖怪化物史 1

第一章 序 说 3

第二章 妖怪化物的历史沿革 7

第三章 妖怪化物的生成及出现的原因 59

第四章 妖怪化物出现的时期、场所与景物 89

第五章 阴火与声响 97

第六章 妖怪化物的形象与语言 101

第七章 妖怪化物的性别、年龄与职业 140

第八章 妖怪化物的能力与弱点 145

第九章 结 语 155

文艺作品中的鬼 157

磷 火 181

编修附记 192

索 引 193

译后记 203

自 序

妖怪，乍看之下不过是从幻视、错觉等主观性的精神现象衍生出的存在罢了。近世以来的学者大都服膺这种观点。试看"妖由人兴也"[1]的警世名言，或是"幽灵的真面目原是一尾枯芒草"[2]的俳谐妙文，无不旨在破除妖怪的迷误。但若从风俗史研究的立场审视妖怪化物现象，追问妖怪是否存在只是一件舍本逐末的无用功，或许，更有意义的是去追问、去探寻：我们的祖先在昔日是如何看待妖怪的？当他们亲眼看见妖怪时又采取了何种态度？如实搜集这些材料，去芜存菁，条理清晰地编纂成册，正是风俗史家应尽之能事。这种研究对当下的学界而言是必要的，然而恕我孤陋寡闻，还未见这类著作面世。我自幼喜读妖怪化物的故事，在旧制第三高等学校念书的时候就自己动手制作过一本题为《文学中的幽灵》的小册子。从那时起，我一直考虑将这本小册子扩充修订，以冀出版面世。大正四年（1915）始，我倾注心血在社会活动上。大正六年（1917），我主持的风俗研究会在京都俱乐部筹办了一场以"幽灵"为主题的书画展。我将展览陈列的材料补缀成文，同年十月撰写了《文学绘画中的幽灵》一文，发表在京都帝国大学文学会发行的《艺文》杂志上。大正八年（1919）的九月三日，风俗研究会在位于京都大云院的家政高等女子学校举办了关于妖怪化物的书籍绘画展。借此机会，我又收集到许多珍奇的新材料，因此风俗研究会特地将学会专刊《风俗研究》第二十期辟为"妖怪史研究"特辑，主要记述妖怪的历史变迁，卷末附有上述那篇有关幽灵的论文。未承想，这期杂志出版不足旬日便告售罄，许多人击节称赏其为"前所未有之奇书"，各方的订单更是纷至沓来，以至于我们无力满足所有的订单。后来，我在京都绘画专科学校校友会的学会专刊《美》上发表了《文艺作品中的鬼》。从那以后，每有浮生偷闲的机会我便倾心于收集鬼怪的奇闻异事。

近来，风俗史研究日渐兴盛，出入敝舍的博雅之士也渐渐多了起来，他们不约而同地怂恿我再版这本有关妖怪的著作。我通过校友江藤澄英联系上他任职的中外出版社，这家新锐出版社欣然应允此事，最终这本书才能以如此精美的装帧问世。

本书的编纂宗旨已如前述，只收录史料，显然出自文人之手的纯虚构作品一概不予采用。因此，京传[3]、马琴[4]、种彦[5]等人笔下被后世广泛流传的妖怪化物在本书中都没有出现。不过，有些稍显可疑的传说故事仍然收录，因为若是连这些都削去，也就称不上是编纂了。虽然书中的插画没有一幅出自画家亲眼所见，也鲜有画家在落笔前特意去听求亲身经历者的描述，但是这些画作都是画家遵照当时口口相传的故事，发挥自己的想象后挥毫泼墨而成的。作为参照的史料出处均用小字标注在插画旁。如您所见，这些画以及画中题注都显得极为荒诞，我也曾犹豫再三，但还是决定收录了。今人看来的荒诞无稽却是古人眼中的确凿无疑，我们由此亦可一窥不同时代的思想风貌。因此，敬望读者对这本荒唐的妖怪之书多加谅察。

此外，本书虽名为妖怪化物史，但没有涉及明治以后的妖怪传说。明治前后存在着一道鸿沟，明治以后的人再也不把妖怪视为客观现象，而只当作观者的心象。文明的进步使得妖怪的逸闻急剧减少。妖怪学泰斗井上圆了[6]博士已对明治以后的妖怪化物进行过详细的论述。如能在阅读本书后翻阅井上氏的著作，想必读者将对上下三千年妖怪史的流变了然于胸。

本书的插画大多取自风俗研究所的藏本或从研究会诸君处借阅的书籍，再由风俗研究会的干事小早川好古、会员斋藤黑岑二人临摹绘成。其余的插画是从《风俗研究》的"妖怪史研究"一刊中抄录而来。书中珂罗版印刷的绘卷[7]为京都绘画专科学校的收藏，劳烦京都大学摄影社的山本君帮忙拍摄，其余的锦绘[8]则是收藏家们的私藏，这些照片先前已在《艺文》杂志上登载过。另外，中外出版社的江藤澂英始终对本书的出版鼎力相助，绘画专科学校的图书馆管理员堀十五郎亦出力甚多。在此谨对以上诸君表示诚挚谢意。[9]

我有志于风俗史研究已十年有三，考察上至天子下至乞人的诸般风俗习惯，现今仍在从事这项基础性研究，这门学问尽管浅显却不可或缺。今日幸有此书的因缘，得以钻研来世与神秘世界的堂奥，一家之言付梓问世，于我是莫大的欢欣。同时我希望这本书能够对今后的研究有所裨益。

大正十二年（1923）八月下旬
风俗研究所 江马务

注　释

1. 《左传·庄公十四年》："初，内蛇与外蛇斗于郑南门中，内蛇死。六年而厉公入。公闻之，问于申繻曰：'犹有妖乎？'对曰：'人之所忌，其气焰以取之，妖由人兴也。人无衅焉，妖不自作，人弃常，则妖兴，故有妖。'"——译注（如无特殊说明，

本书注释均为译者所注）

2. 日本谚语，意近杯弓蛇影、疑心生暗鬼，由江户时代的俳人横井也有（1702—1783）的俳文集《鹑衣》中"妖怪的真面目原是一尾枯芒草"（化物の正体見たり枯れ尾花）一句演变而来。

3. 山东京传（1761—1816），江户后期的通俗文学作家、浮世绘师。本名岩濑醒，通称传藏，曾师从北尾重政研习浮世绘。以黄表纸、洒落本的创作而知名。代表作有《通言总篱》《江户风流烤鱼串》等。

4. 曲亭马琴（1767—1848），江户末期的通俗文学作家。本名泷泽兴邦，号马琴。山东京传的弟子。作品以劝善惩恶为理念，以雅俗共赏的流丽文体著称。代表作有《南总里见八犬传》等。

5. 柳亭种彦（1783—1842），江户后期的通俗小说家、幕臣。本名高屋知久，别号修紫楼、足薪翁。被誉为合卷文学的巅峰。代表作有《修紫田舍源氏》《邯郸诸国物语》等。

6. 井上圆了（1858—1919），佛教哲学家、教育家。致力于佛教、东洋哲学的近代阐释。作为近代妖怪研究的创始者而闻名，为破除迷信著《妖怪学讲义》一书，被称为"妖怪博士"。

7. 绘卷，又称绘卷物，盛行于平安、镰仓时代的绘画形式，一般由文章与绘画在卷轴上交替排列构成。内容多为佛教故事、物语文学、歌仙生平、寺院缘起以及高僧传记，如《源氏物语绘卷》《信贵山缘起》《伴大纳言绘卷》与《鸟兽人物戏画》等。

8. 锦绘，又称东锦绘、吾妻锦绘，指套色印刷的浮世绘版画，由铃木春信于1765年创始。这种木版画需由画师、雕刻师、印刷师协力制作，精巧华丽，因鲜艳似锦而得名。明和时代以降的浮世绘皆循此技法。

9. 在权利人允许下，本书简体中文版以更清晰的公版图片对原书中的一部分图片进行了替换。其中第27、41、126、175页图片来自大都会博物馆（https://www.metmuseum.org/），第35、82、109、111、113（上）、117、142、177页图片来自史密森尼图书馆和档案馆（https://library.si.edu/），第130、171页图片来自日本国立文化遗产收藏综合检索系统（https://colbase.nich.go.jp/），第152页图片来自Wikiart（https://www.wikiart.org/）。——编者

日本妖怪化物史

第一章 序 说

在讲述日本的妖怪与化物[1]的历史沿革之前,我们有必要先确定妖怪与化物的意义。大多数辞典把这两个词语解作同义词,"妖怪"的注释即为化物,"化物"的注释即为妖怪。但是经我多年研究发现,二者的内涵存在明显的差异,或许可以说"妖怪"是人无法觉察其真面目的不可思议之物,"化物"是某种善于变换外形之物。

看到这里,读者或许会反问:古人与今人对妖怪的见解有什么不同吗?妖怪既然是世间难以觉察、不应存在的东西,或者是主观上或许存在、客观上绝无实存的东西,那么在这个属于汽车与飞机的时代,我们根本没必要听这些关于妖怪的胡言乱语。这种观点看上去似乎合情合理。然而我希望读者能够理解,我的看法与这种观点之间的根本差异在于,本书的主题是在假设妖怪化物实际存在的前提下,探讨自古以来人类与妖怪间的往来——即我们的祖先如何看待、如何理解,以及如何应对妖怪化物。

我们首先来讨论妖怪和化物的本体,它们可以分为以下五种：

　　　　一、人
　　　　二、动物
　　　　三、植物
　　　　四、器物
　　　　五、自然物

此外还有一些"四不像"妖怪与每种范畴都沾点边，却难以确切地归入某一类。这种无处安置的特征不恰恰最符合妖怪之名吗？比如居住在河川里的河太郎（河童）[2]、海中的海坊主[3]。还有许多极难想象的妖怪，虽说形似动物，却又不完全一致。源三位赖政[4]射杀的鵺[5]就是一部分似猿，一部分似虎，一部分似蛇。

再来说说何为"变化"，这是化物的显著特征，细察之下可分为两两对应的四种变化：

　　现世的 ——┬—— 精神的
　　轮回的 ——┴—— 实体的

现世性变化指某种现世存在的事物凭借特殊能力或者魔法改变外貌形态，狸猫和狐狸化身为人就属于这一种。轮回性变化指在宗教的因果轮回思想中，一切事物死后都将在来世变成别的东西，这就是所谓的幽灵。就变化的方式而言，又分为精神性变化与实体性变化。精神性变化指仅仅精神魂魄幻化为妖，而不涉及实体形态的改变，比如"生灵"即是活人的怨魂作祟于人。实体性变化正好相反，指的是具有实体的妖怪现身于世。与这些化物相比，狭义的妖怪大抵是些脑筋不灵活的蠢钝怪物，难免落得被勇士执三尺青锋降伏诛杀的下场。

然而必须说明的是，妖怪和化物之间并非泾渭分明，比如所谓的"鬼"，世间既有人死后所化成的鬼，也有自然生成的鬼，而且二者具有颇多共同点，不可不察。

这些妖怪与化物对我们的祖先而言并不是遥不可及的虚妄，自古以来，我们便与之存在密不可分的关系。即便在今日，各地流传的怪谈也从未销声匿迹，被狸猫诓骗的人有之，将干枯的芒草看成幽灵的人亦有之。纵览日本两千年的历史，这类记述随处可见，不曾断绝。妖怪与化物在不同的时代沾染上不同的底色，所行之事各有殊异，但几乎与人类世界的轨迹变化吻合，属实耐人寻味。接下来，我们就来说说妖怪与化物的历史沿革与种类。

注 释

1. 化物，原文作"变化（へんげ）"，既可指灵魂、动物、植物、器物等改变原形而化作的鬼怪，也可指神佛显现化身为人，意义同"权现""权化"。妖怪与化物是江马务独创的划分法。
2. 河童，栖息于水中的生物，面有尖喙，身覆甲鳞，头顶一个盛有水的碟子。日本各地都有河童的传说，它们喜好与人类相扑、帮助农夫插稻、将靠近水边的人或马匹拉入河中等。
3. 海坊主，出现在海滨或船只前后的裸体、大眼、秃头妖怪。相貌似和尚的秃头妖怪常以坊主、法师、入道为名。
4. 源赖政（1104—1180），平安朝末期的武将，官至从三位时出家，人称"源三位入道"。平治之乱时追随平清盛，1180年举兵讨伐平氏，在宇治兵败身死。其在宫中射杀妖怪鵺的武勇事迹被后世改编为谣曲、净琉璃等。
5. 鵺（ぬえ），《平家物语》中被源赖政在禁中射杀的怪物，猿首、狸躯、虎足、蛇尾。最早见于《山海经·北山经》："又北百八十里，曰单张之山。……有鸟焉，其状如雉，而文首、白翼、黄足，名曰白鵺，食之已嗌痛，可以已癇。"

第二章　妖怪化物的历史沿革

日本的妖怪和化物的沿革可以按照其展现的特征，划分为五个时期：

第一时期　神代[1]
第二时期　神武天皇[2]至佛教传入[3]
第三时期　佛教传入至室町时代[4]的应仁之乱[5]
第四时期　应仁之乱至江户时代[6]末期
第五时期　明治以后

从后世的眼光看来，神代发生的事情大都不可思议、玄妙难解。那时的人们认为森罗万象中皆寄寓着意想不到的魔力，妖怪和化物只是极其寻常的存在罢了。

当天岩户紧闭之时，天地陷入黑暗，群妖出现[7]。(《古事记》[8])伊弉冉尊[9]的尿水中生出名唤罔象女[10]的神明。(《日本书纪》[11])素戈鸣尊[12]斩杀八岐大蛇时将栉稻田姬变成梳子插于发髻，获得了源源不断的魔力。

(《日本书纪》)说到人形的妖怪，要数高皇产灵神[13]的儿子少彦名命[14]，他忤逆神的管教，从父亲的指间漏落后去向不明。后来他以鹪鹩羽为衣，以白蔹皮为舟，浮于潮水间，从海的彼方漂流到了出云。大国主命[15]将他置于掌中把玩，却被他跳起来咬了脸颊。这种既似人又似妖怪的神也是有的。(《古事记》《日本书纪》)彦火火出见命[16]的妃子丰玉姬在生产时现出龙形，也可以视作动物类型的化物。(《日本书纪》)

相传天地鸿蒙初辟，草木皆通晓人言。(《日本书纪》)植物犹且如此，有说人话的动物也就不足为奇了。作为神明的使者从高天原[17]来到下界的雉鸟通人语，因幡白兔[18]与鳄鱼争论不休时双方使用的也是人的语言。(《古事记》)伊弉诺尊[19]抛在地上的葛藤长出了葡萄，扔出的桃子令黄泉丑女[20]逃跑，还有什么比这更不可思议的呢？(《古事记》《日本书纪》)

器物变作其他事物的例子依然出自伊弉诺尊，他扔出的木梳转眼间变成了竹笋。(《日本书纪》)

当时，人世与黄泉国之间往来无阻，伊弉诺尊才能够完成这次探险。他下追黄泉、返回人世的历程与后世流行的死者复活型故事相仿。黄泉丑女即为鬼，这是日本历史上对鬼最初的记载。(《古事记》《日本书纪》)

神代的传说充满我们无法理解的奇迹，但是，后世鬼怪奇谈中屡见不鲜的人或动物的幽灵却完全没有出现。神代世界中最平凡无奇的事物放到现代都是不可思议的。生活在神代的人所具有的能力或许与后世的幽灵有相似之处，譬如素戈呜尊那恐怖而又伟大的神力，他哭泣便能使青山变作枯山，他踱步便能使天地为之动摇。（《古事记》《日本书纪》）这皆是其非同凡响的证明。

凡此种种，可见人类与物象之间的往来何其悠久。

第二时期始自神武天皇，终至钦明天皇在位期间佛教传入，尽管前代的神祇传说已经绝迹，但后世常见的人与动物死后变成的妖怪尚未出现，这个时期内记载的充其量是些善于变化姿态的化物。

这一类的例子有，伊吹山的山神化身为蛇（《日本书纪·景行纪》）；播磨国[21]的文石小麻吕肆行暴虐，于是雄略天皇十三年，天皇派遣春日小野臣大树前去征讨，大树率领一百死士放火烧了小麻吕的家宅。霎时间从熊熊大火中飞奔出一只大小如马的白狗，张开血口扑向大树。大树神色不变，拔刀将其斩落，后者坠地变回文石小麻吕后死去。（《日本书纪》）除却这些人变成动物的事例，也有反过来动物化身为人的故事，最早的记载见于推古天皇三十五年，据传有貉化成人身而放歌。（《日本书纪》）还有植物变化的故事，钦明天皇五年时，从越国有消息传入京城，称佐渡岛东禹武邑有人采拾橡子，想要拿来饱腹，灰堆里烤熟的椎子皮变成两个小人，飞腾在火焰上方一尺有余，互相搏斗。(《日本书纪》)然而何处都不曾见有关器物变作其他事物的记载。不过"鬼"在钦明天皇时期佛教传入日本之前就已经存在，把肃慎人[22]比作鬼怪的说法古已有之。(《日本书纪》)至于此时的鬼与后世的鬼是不是同一个意思，还不得而知。一般认为，这一时期的日本人尚未形成死后世界、生死轮回的概念。

钦明天皇十三年，佛教正式传入日本，这一事件彻底改变了日本人的思想面貌，来世、轮回转生、因果报应的观念逐渐深入人心。待到奈良朝[23]，后世所熟知的妖怪化物的形象已经相当成熟了。

天狗与鬼的初次登场稍早于奈良朝。舒明天皇九年二月，一颗巨星从东向西划落，声若雷鸣。当时的人认为是流星或平地惊雷，唯有一位有识之士僧人僧旻断言此为天狗。(《日本书纪》)齐明天皇七年八月，天皇下葬的时候，从朝仓山上有戴斗笠的鬼来拜谒。(《日本书纪》)当时的天狗与鬼尚未从事具有社会性的活动。

进入奈良朝后，它们逐渐接触人类，轮回转世的思想开始作用于生物界。人们普遍相信因果报应，生前作恶的人死后会转生为动物。

赞岐国美贵郡大领[24]小屋县主[25]宫手的妻子无心崇佛，她在宝龟七年果遭报应，本已死去，却在棺材中复苏。她自己掀开了棺盖，然而在旁人眼中，棺中人的上半身是牛，额头上长有犄角。(《日本灵异记》[26])同在宝龟年间，天竺大王因阻挠僧人修行而转世成了一只白猴，它请求在近江国野洲郡御上岳的佛堂中修行的僧人惠胜为其念诵《法华经》。(《日本灵异记》)圣武天皇治世的天平年间，有一僧人生前贪财，死后遭报应变成了大蛇。(《日本灵异记》)此外还有许多骸骨乞求生者满足其要求的故事。宝龟九年，备后国苇田郡有个叫品知牧人的人到深津的市集置办年货，行至日暮，他便在一片竹林中睡下了。夜半时分忽然有一阵呻吟声，似乎在说"我的眼睛好疼，我的眼睛好疼……"，吓得他一夜没有入睡。翌日清晨起来一看，地上有一颗骷髅，竹笋从眼睛的空洞里生长出来。他揣度昨夜的哀鸣想必是这颗骷髅发出的，于是把竹笋拔除了。善有善报，他在市集上如愿买齐了年货。后来，这颗骷髅现出真身，特地跑去他家拜谢。(《日本灵异记》)此外，据说物部守屋[27]死后变成数千万只啄木鸟，啄毁佛寺，最终被圣德太子[28]化身的老鹰降伏。(《日本灵异记》)这也是一桩关于人的灵魂变成动物的逸话。

说到最常幻化成人的动物，就要数狐狸了。钦明天皇在位时期，美浓国大野郡有个人想娶妻，他在旷野上遇到了一个美人。两人情投意合，很快就结为夫妇，不久后生下一个孩子。但是家中的狗常对妻子狂吠不止，想要咬她似的。直到有一天,她被狗追逐得惊慌失措,变回了狐狸。丈夫尽管震惊,却大声喊道:"你忘记我了吗?我们不是连孩子都有了吗?过来睡觉吧。"这就是狐狸(きつね)一词的来源。[29](《日本灵异记》)

这一时期鲜有关于植物的怪谈。鬼将作为传说的主角大显身手。天平年间,大和国十市郡庵知村的东头住着一个富翁,他的女儿万子待字闺中。有一男子前来提亲,拉来三车彩绢当作聘礼,于是二人当夜就成了好事。黑夜散去后,新郎不见了踪影,留下一副让人不忍直视的惨象:新娘只剩下头颅和手指,身体其余部分都被啃食殆尽。[30](《日本灵异记》)做出这等勾当的自然只能是鬼了。

齐明天皇在位期间,出现了一种叫作"羔"的虫,被它叮刺的人都会死掉。这也被当作一种妖怪。

如上所述,此前鲜有听闻的人的幽灵以及人受前世报应转生成的动物在奈良朝的志怪故事中大量出现。但它们还不像后世的人和动物的幽灵那么活跃显眼。另外,动物中的狐狸变成人形,魅惑人类的逸话也渐渐多了起来。然而这个时代的植物与器物还未通晓变化的本领。在狭义的妖怪方面,鬼杀害无辜者的故事也逐渐流行。

到了平安朝[31]、镰仓时代[32],奈良朝流传下来的妖怪化物传说继续传播演变的同时,关于生灵、器物和自然物中寓存灵魂的故事也悄然出现。

从人的灵魂中产生的妖怪有三种，分别为死灵、生灵与幽灵。死灵是指人死后灵魂以看不见的状态暗中活动，生灵是指灵魂游离出活人的身体自由行动，幽灵是指人死后灵魂保持生前的模样滞留尘世。

死灵的逸闻有这么一桩，据说在藤原忠实死后，他珍藏的筝传到藤原基通的女儿手上，夜半时分，筝忽然自己发出乐音。此事想必是因忠实的宿怨而生。[33]（《古今著闻集》[34]）

生灵的逸闻有这么一桩，有个身份低微的小吏从京城去往东国，途中偶遇一个女子。女子请求他做向导，带她去某个民部大夫[35]的宅邸。当两人站在这家门前时，那女子顷刻间消失不见了。忽然宅邸中一阵骚动，似乎有人去世了。小吏感到不可思议，返京途中顺道去了女子在近江的住所。女子拨开竹帘与他相见，向他诉说夙愿得偿的喜悦，作为报答，她款待了男子，而且将绢赠予他作谢礼。这就是女子的怨恨在短时间内化作生灵作祟的故事。（《今昔物语集》[36]）《今昔物语集》的作者在文末评判道，女人心真是令人毛骨悚然之物。

幽灵的逸闻也有这么一桩，据说在源融[37]死后，他的子孙将名园河原院献给了天皇。一日，宇多上皇[38]行幸此园，入夜后见一人峨冠博带、双手执笏立于西边的仓房前。上皇问来者何人，他答说是这座宅邸的主人。[39]

赖豪变作铁鼠　出自《百鬼夜行》

(《今昔物语集》)

尽管这些保持人形的"幽灵"的故事大行其道,在这一时期的"人死后变成动物"的故事在数量上比起前代亦不逊色。京都上京出云寺的别当[40]死后灵魂变成了三尺长的大鲶[41]鱼,困居在寺庙檐下的积水里。有一日狂风吹倒了佛堂,鲶鱼被童子所杀。别当的儿子上觉把鲶鱼熬成鱼汤,正当他大快朵颐之际,忽觉有鲠在喉,当场就死掉了。(《宇治拾遗物语》[42])同样有名的故事还有赖豪化鼠[43]、藤原实方的灵魂变成麻雀[44]等等。至于人变成鬼和天狗的故事,则和前代大致相同。日藏上人在吉野山深处遇到身高七尺的鬼,鬼涕泗横流地忏悔,自言四五百年前曾是人类,因为心怀怨恨所以无法成佛,最后沦为这般模样。(《宇治拾遗物语》)

另外,这一时代的人们深信大海受怨灵支配,据说源义经[45]在大物浦遭遇的狂风暴雨就是平家的怨灵所为。[46]

生灵、死灵的故事中也经常会有些蠢钝的动物出场。河内禅师是播磨守佐伯公行之子佐大夫的族人,他有一头健壮的黄斑牛,但是某天这头牛忽然不见了。当夜,死去的佐大夫出现在禅师的梦中,他自白因为生前罪孽深重,死后没有任何坐骑,实在痛苦难堪。因此权且借此牛一用,五日后便归还。五日过去,那头牛果然气喘吁吁地回到了禅师的家中。(《今昔物语集》)这一类故事大抵如此。

不过,动物反过来化作人身的传闻较之前代不仅数量增加,而且变化的手段也更加巧妙,看来它们也从祖先的经验中汲取教训,有所成长。若列举善于变化的动物,狐狸当仁不让拔得头筹,狸猫、野猪紧追其后,猫、蜘蛛、飞鼠则比较罕见。

说到狐狸的逸话,传说在仁和寺以东的高阳川畔住着一只狐狸。每当黄昏夕照,有人骑马而过时,狐狸就会变作美丽的少女,询问过路人能否载她一程。不明真相的人若是答应了她,走不到四五町[47],少女便会忽然跳下马,变回狐形,发出嘲弄般的鸣叫声而后逃去。有一个勇敢的禁中侍卫从这条街道走过,少女果不其然现身了。她一跨坐上来,武士便用缰绳将其捆缚,带到了土御门[48]的御殿前。他同僚的武士们朝少女射箭取乐,这时,少女忽然变回狐狸,刹那间那些武士和土御门殿的楼阁统统烟消云散,武士这才发觉自己身在鸟边野[49]之中。这着实是一桩受骗于狐狸的可怕故事。[50](《今昔物语集》)

另有一桩野猪变幻成人的逸事。有个男子途经播磨国的印南野，其时已是日暮，他留宿在一间草庵。入夜后，有一伙人手执火把、敲钲念佛，朝着草庵走来。男子定睛一看，原来是丧葬的队伍。他们把棺材埋在草庵旁边，垒起一个坟头。当他们离去后，坟墓颤抖起来，从浮土中站起一个赤裸的男人，手肘和身体都燃烧在熊熊火焰中，他冲草庵扑来。男子大惊，料定此必是恶鬼，抽出太刀冷不防劈了一刀后拔腿就逃。天亮后，他折返此地，发现既无坟墓也无草庵，只有一头被砍死的巨大野猪躺在地上。(《今昔物语集》)

这些动物既然可以化作人身，轻易地变幻出人群和房屋，那么变成植物就更不在话下了。春日野的狐狸能够变成一棵占地几近两间房屋的巨杉。(《今昔物语集》)动物的"生灵"往往附身在某人身上作祟。所谓的"狐狸附身"在这一时期盛行于世，有一只狐狸依附在女子身上，吐露道："我乃狐狸，并非为作祟而来。"(《今昔物语集》)这种情况下通常是由修验者将其祓除。

有关植物、器物与自然物的妖怪传说在这个时代虽已开始流传，例证却比较缺乏。有一僧人不诚心供奉神佛，反而日夜与艺伎、娼女寻欢作乐，他平日把吃剩的麻花积存在提盒中。翌年打开盒盖一看，盒中竟是一条蛇。这就是所谓的佛罚。(《今昔物语集》)

当时的迷信认为一切器物内都寄寓着灵魂，它们只是暂时地维持外在模样而已。式部卿[51]居住在东三条殿的时候，时常看见南山上有一个身高三尺、身穿五位官服的人走动，阴阳师占卜称，它的真身是铜的精魂，宫中东南方的地下应该埋藏有铜。式部卿命人挖掘，果然发现了一尊五斗的铜酒壶。（《今昔物语集》）

关于自然物的逸话，少不了要说到水精。这是在阳成天皇退位后隐居的御所发生的怪事。如果有人在御殿西边的别栋小憩的话，他的脸颊会感到一阵冰凉，睁眼就会看见一个身高三尺的老翁在摩挲自己的脸。有个人早做准备，趁机用麻绳捆住了老翁，后者哀求道：请给我打一盆水来。那人照做了，但见老翁伸出脖子凝视水中倒影，他的身姿瞬间融化成水，落入盆中，使得盆中的水从边缘溢出。这就是水精。（《今昔物语集》）

鬼与天狗是当时最为活跃的妖怪，堪称妖怪双璧。据说在光孝天皇的时代，有三个年轻的女子结伴走过武德殿的松林。是夜正值八月十七，明月当空。有一男子伫立在松树下，朝三人中某一女子招手，把她拉到松荫下相叙。其余二人便在原地等候，过了许久也不见回来，她俩走近一看——多么可怕啊！女子的手足凌乱地散落在地上，男子却不见踪影。这便是鬼的所作所为。（《今昔物语集》）另外，大森彦七遇鬼的故事也广为流传，据传他在伊予国金莲寺邂逅一位佳人，他一把她背起来，女子便随即露出了鬼的面目。(《太平记》[52])又如,在仁治年间,有一法师从伊势来到京都,另一座山寺的法师陪着他参拜了京中诸寺,然而当伊势来的法师走上清水寺的钟楼时,却忽然被那人绑在桧树皮修葺的天顶和夹板之间,那人显现出天狗的原形后便消失了。(《古今著闻集》)这些就是鬼与天狗的物语。鬼与天狗有时也会变成某种意想不到的东西瞒过人的眼睛,鬼变成油瓶的故事即为一例。一日,小野宫实资经过大宫大道,望见一个油瓶在车前一蹦一跳地前行。最终这小油瓶从锁孔钻入了某户人家,夺去这家女儿的性命。(《今昔物语集》)另外,就妖怪而言,据说

天狗(上)、鬼(下) 出自《百鬼夜行绘卷》

平清盛[53]迁都到福原之后，家中庭院里出现了摞成小山的累累骷髅，它们最终结合成一个巨大的骷髅，怒视着平清盛，这着实是个凄厉可怖的故事。(《平家物语》[54])

上述事例主要以平安朝的故事为主，不过镰仓时代的故事也大同小异。总而言之，平安朝、镰仓时代的妖怪化物的种类有所增加，本领手段也更加多样化，但是尚未发生根本性的变革发展。

至室町时代的应仁之乱为止，妖怪史大体上保持这样的发展态势。不过也有一种引人注目的变化在发生，即幽灵的形象愈来愈富于诗意与知性。永享年间，义教[55]将军的重臣蜷川新右卫门[56]有天夜里荷着薙刀走过鸟边野。秋夜正浓，凉风浸身，四下虫声唧唧，蜷川心中忽觉怅然若失。他正在斟酌如何作一首和歌述怀时，望见火葬场中有名女子坐在一堆燃烧的柴薪旁，便问她道："你深夜独自坐在这等地方，是有何心绪吗？"女子向他吟出一首和歌来：

不须惊物化，空对一蝉身。

"你究竟是谁？"蜷川反问道。

岩松无声风来吟。

说罢，女子的身影就消逝在夜风中了。(《狗张子》[57]) 诸如此类幽灵的变容也反映在谣曲中，登场的精怪们逐渐被赋予诗性的情趣。

这一时期的动物怪谈中出现了人受骗于鼠的夸张故事。京都四条住着一个姓德田的人，他买下一处贺茂附近的宅邸，相传是不知何朝何代某位贵人的旧居。一夜，有个衣冠齐楚的人上门拜访，说自己的儿子今夜举行婚礼，想暂借宅邸一用。德田答应了他的请求。半夜时分，百余

足利家出现的筒筷妖怪　出自《绘本武者备考》

盏大小不一的灯笼分作两行，绵延而来，车马肩舆，鱼贯而入。男男女女二三百人，齐享珍馐佳肴，极尽宴酣之乐。宴会将散时，夜风骤起吹熄了灯火，德田把火点上，却发觉家中空无一人，只见家中器物和主人的茶具都被糟蹋得不成模样。唯有墙上悬挂的一幅画完好无损，画中是一只在牡丹花下的猫。德田的友人中有位名唤村井澄玄的老者，他评论此事必是老鼠所为。（《狗张子》）

器物化作妖怪的故事在康保年间已有出现，在室町时代渐臻于完善。草纸[58]《付丧神》[59]如是写道：

> 《阴阳杂记》有云，器物历百年则化为精怪，蛊惑人心，此谓之付丧神。

著名的《百鬼夜行绘卷》[60]、《付丧神》中的绘画大都受这种思想启发。

另外，这一时期还出现了许多难以名状的奇异妖怪。据说足利直义[61]的卧房中曾出现一只身体为笞笈，长着一颗山中修验者的头，口中衔着一柄断刀的怪物。（《本朝续述异记》）在某一朝上皇隐居的仙洞御所，有条狗叼着一颗两三岁稚童的头颅，立于御殿的大梁上朝西吠叫三声后消失不见了。（《太平记》）

从佛教传入至室町时代的应仁之乱为止，妖怪史的特征是我们熟知的那些妖怪悉数从物象世界中脱胎换骨，在人间粉墨登场。不过，后世流行的动物死后化作魂灵、在特定的人面前现身的故事类型，还没有出现。彼时这些妖怪心智未开，尚不能把自己的能力应用自如，而且在人间抛头露面的也只是妖怪化物中的佼佼者，并非所有的成员都具备作祟的本领，还远谈不上令人类闻妖色变的程度。然而进入第四时期的战国时代[62]后，妖怪化物的传说迅速增多，由是我们将进入它们最为活跃的时期。

从战国时代至江户时代末的约四百年间，可谓"妖魔横行"的时代。我们仍从人化作的妖怪说起，这一时期的生灵分为精神性、具象性两种，而在原先死灵、生灵、幽灵的分类外又添了一种由疾病具象化的化物。

先来举两例生灵的故事。京都城西有个叫江崎源八的人。他苦于和妻子未诞下一儿半女，于是在征得妻子的允许后将妾室的儿子源太郎领回本家。某一天，从熟睡的妻子鼻孔中爬出来一只蜘蛛，钻入了源太郎的耳朵里。源太郎旋即在痛苦中死去。这就是妻子的生灵作祟。据说江崎休妻后就出家遁世了。(《怪丑夜光魂》[63])生灵出现时也可能保持原来的外形容貌。越后国蒲原有一农民名唤宇平次，他的女儿恋慕沼垂郡的青年进之丞，因他的美貌而意乱神迷，连在梦中流连不去的也是他的身影。一夜，丑时三刻已过，进之丞仍在秉烛夜读，阵雨忽至，令他不由得心生寂寥。这时，院中草木繁盛处浮现出一抹青火，女子的身影从中走来。二人不只圆了这一夜良缘，更立誓愿结永世之好。后来，女子诞下一子。宇平次深感诧异，他从未发现女儿有外出的迹象。在父亲的质问下，女儿答说自己每夜与进之丞在梦中相会。这即是所谓的游离魂。故事最后以二人喜结连理而告终。(《拾遗御伽婢子》[64])

再来说一桩死灵的故事。此事出在但马国城崎郡，平家武士越中次郎兵卫盛继[65]的坟墓就在此地。一个叫汤本与八的人从坟前经过时发了几句议论："平家诸将，忠光、景清[66]无不以诛杀源赖朝为己任，唯独你盛继苟且偷生，可终究也难逃身首异处的下场。志气何其短也。"他一回家就发高烧，着了魔，上蹿下跳，大喊着："诽谤志士，实我罪也！"他的伯父禅僧祖泉问道："汝乃何人？"答说："吾乃越中盛继也。忠光、景清、盛继，我平家一众苟全性命于乱世，但求取源氏大将项上人头，以报主君之仇。吾蛰居深山，静待时机，怎料时运不济，为贼人所擒杀。吾辈虽志向未酬，但这番忠肝义胆怎能忍受如此诋毁？"于是祖泉挥舞拂尘，厉声呵斥道：

堕在无间，五逆闻雷，喝十瞎驴，死眼豁开。

话音刚落，与八仿佛悟道般双手合十，神志恢复清醒，同

时灵魂也离他而去了。(《怪丑夜光魂》)

接下来说一桩幽灵的故事。庆长年间，京都有一个名叫成田治左卫门的武士，他虽与一位美人立下海誓山盟，但仅仅过了三年，这段姻缘就因女子身染沉疴而化为泡影。当女子弥留之际，她与成田执手相看泪眼，念道："即便此身化作一缕轻烟、一抔黄土，愿妾身的魂魄永伴夫君左右。"尸体下葬数十日后，亡妻的魂灵在深夜归来。看着枕畔这光彩尽失的枯瘦魂灵，成田感到毛骨悚然。他逃到了大坂[67]，但亡魂同样追至大坂。成田就这样在亡魂的侵扰下郁郁而终。(《怪谈登志男》[68])这种恋爱题材的幽灵故事数不胜数，但限于篇幅，这里只好忍痛割爱不谈。接下来谈谈人如何化作动物及动物以下的东西。

人生前即变成动物的故事不胜枚举。永正年间，洛西的鸣泷有个叫彦太夫的人，性情暴戾，不信神佛，从不给乞丐施舍财物，甚至对母亲口吐恶言。于是，他生病五日后变成了狗，绝食百日而死。(《狗张子》)

不只生前变形，死后转生的故事也屡见不鲜。庆长年间，武藏国的千住乡有一户寻常人家，这家的女儿生得眉清目秀。附近的弥一郎爱慕这女子，尽管他虚掷了千金，女子仍旧对他不理不睬，最终此人竟害相思病而死。后来，这户人家挑了个称心如意的女婿，然而在婚礼的隔天清晨，新婚夫妇久久没有出现，老女佣便推门而入，见可怜的夫婿已经气绝身亡。据说是因为有条蛇钻入他的眼睛、鼻子，毋庸置疑，这条奸邪之蛇就是为情而死的男人变化而来。(《怪谈登志男》)

由人化虫的逸话也有不少。宝历年间，下野国住着一个叫吉六的男子，有一次他遭到同村的六兵卫一伙人的轻蔑，从此怀恨在心。其后他虽手刃了仇家，可自己也身陷牢狱，最终死在狱中。吉六的亡魂变作虫豸，恐吓行人，世人称之为"吉六虫"。[69](《怪谈登志男》)此外，僧人大谷广圆变成章鱼的趣谈也流传甚广。(《都草子》)

自古以来，历代都不乏关于骸骨的奇闻异事，这个时代也不例外。文龟年间有个叫长间佐太的人，某日他路过洛北莲台野，望见一座古坟那边闪烁若有光。他走过去察看，只见一具白骨从墓中惊起，紧搂住佐太。佐太并没有乱了阵脚，他用尽全身气力终于推开。当这具白骨摔倒在地，头骨和四肢七零八落地散在地上时，墓畔的光霎时消融于黑暗。(《拾遗御伽婢子》)

这一时期出现了一种新的妖怪类型，即人类因疾病所变的妖怪。譬如"寝肥"[70]，指人入睡后身体不断膨胀，变

二口女　出自《绘本百物语》

得硕大（《绘本百物语》[71]）；"二口女"，指人的脑袋后面长出另一张嘴，能够同时从两边摄取食物（《绘本百物语》）；最值得一书的是"辘轳首"，这种妖怪能不断伸长脖颈，使头颅在空中飞行。[72]从前有个绝岸和尚，他曾在旅途中投宿肥后国的锾[73]村，风声凄厉，他久久未能入睡，便坐起身来打算彻夜念佛。丑时三刻，这户人家的妻子的头颅飘浮而出，从支撑起的窗板下飞出屋外，这颗头所经之处留下一根白线。破晓时分，这根白线忽然颤动起来，那颗头又飞回原处。和尚白天观察那妇人的脖颈，颈部周遭环绕着细密的线纹。（《百物语评判》[74]）这皆是往昔的业因所致。

还有一种至今被视为不可思议的怪病——离魂病[75]，患病者的身体中仿佛存在另一个人。（《玉帚木》[76]、《狂歌百物语》[77]）

与人类相仿，动物的灵魂也有生灵、死灵和幽灵三种。以生灵为例，京堀川的佛具商人宗兵卫让手下学徒出门跑趟腿，这小厮路过因幡堂门前时感觉肩膀发沉，似有什么重物压在上面。当他回到店中，背后突然传来一阵笑声，不明就里的宗兵卫问他为何发笑，有个声音答道："我是久居因幡堂的狐狸，昨日有个无礼之徒在因幡堂前竹林酣睡，惹得我满腹不悦，正欲施予报复，赶巧这孩子从门前经过，两者体态模样颇有几分相似，于是弄错

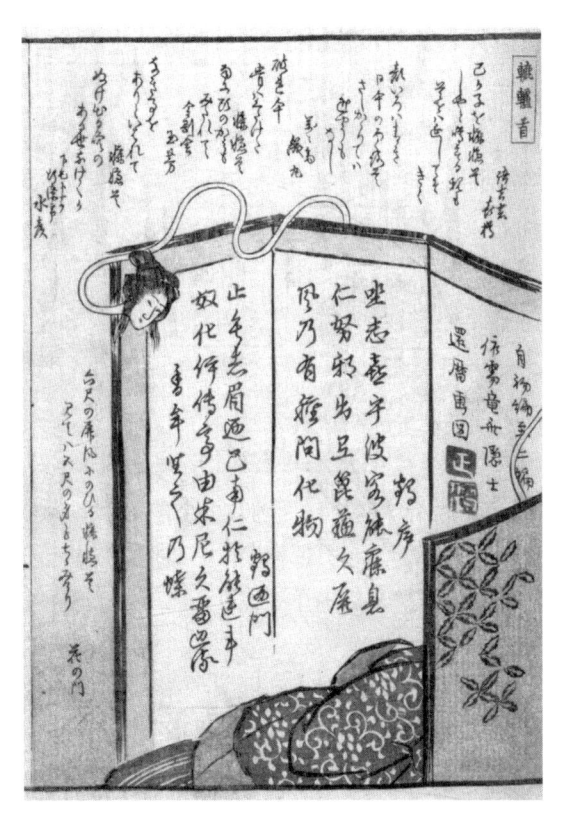

辘轳首　出自《狂歌百物语》

了对象，附在了他身上。这还不够好笑吗？"（《太平百物语》[78]）

这种生灵就是我们平日所说的"狐狸附身"。再来说说死灵。备中国有个名为松浦正大夫的武士，平素嗜好杀生，甚至将亲手饲喂的猫虐杀。猫死后灵魂依附在他的妻子身上。当夫妇在卧房中熟睡之际，妻子忽然像是被什么东西袭击似的，四脚匍匐在地，在屋中爬来爬去。这时她张口说道："喔呀，尊夫人的姿态可真叫人难堪，但我的复仇可不是这种程度就罢休了。轻易杀掉你实难解我心头之恨，此刻我已经深入夫人的皮肉内里。瞧着吧，十日内她必受尽折磨而死。"（《太平百物语》）这则故事就讲述了被动物死灵附身的悲惨下场。

动物死灵作祟的故事还有一例。江户的烟草商长兵卫饲养了一只大猫，某日大雨，淋湿的猫擅自钻入他的被褥中。长兵卫一气之下把猫宰了。然而奇怪的是，此后他的右腕隐隐作痛，后来在手腕处长出了猫毛。翌年，长兵卫在猫被杀的那一日死掉了。（《行脚怪谈袋》）

自古以来，人们将鳖视为一种执念很深的动物。从前在丹波国，有个平头百姓以贩鳖为生，因此，鳖的怨念变成身长十丈的高入道出

鳖精　出自《怪谈旅之曙》

现在他面前。据说他的儿子诞生时，上唇尖细，一双滴溜圆的眼睛锐光外露，全然一副老鳖相。头发比身体还要长，手脚都长有蹼趾。光喝母乳还不满足，蚯蚓才是他的家常便饭。(《怪谈旅之曙》[79])

据说在天文年间，宇佐美的藩士斋乡内藏介家中的狗变成名为阿吉的侍女。(《怪物舆论》[80])

然而相较之下，还是动物生前化作妖怪的故事在数量上更胜一筹。这类怪谈中常见的动物有狐、狸、鼠、猿、水獭、鲶鱼、猫、女郎蜘蛛、龟、狗、野猪、蛇、蛙、蜥蜴，尤其以狐和狸的怪谈最多。

狐狸和狸猫有时化为人，有时化为其他动植物，有时变化出建筑、器物，有时还能化为其他妖怪。我们先来说说变作人身的逸闻，据传在播州龙野的某户人家，狸猫扮成去年死去之人的模样，从二楼的阶梯款款走下。(《小夜时雨》[81])俳人岚香途经上州的玉川，见一僧人头顶和双手缠绕着藤蔓，正在专心念佛，经他一问，僧人这才恍如梦中惊醒。僧人说道，昨夜有只狐狸想偷吃团子，被他敲了几杖后逃之夭夭。他继续赶路，独自一人走在山道中，这时迎面走来了大名[82]的行列。侍从将他抓起来五花大绑，声称要砍下他的脑袋，他再三赔罪，可对方丝毫不理睬。僧人万念俱灰，于是阖上双眼，双手合掌，一心诵念《阿弥陀经》。忽然僧人听见有人唤他，便以为是

狸精　出自《小夜时雨》

太刀取[83]来宣达恩赦，睁眼一看才发觉身上的绳索尽是些藤蔓罢了。(《行脚怪谈袋》)还有狸猫变化出建筑物的逸闻。此事出在京都的建仁寺，某人走过三门[84]时觉得有种说不上来的奇怪，正巧有一信使策马飞驰而来，骏马的嘶鸣声响起的刹那，这座三门消失得无影无踪。原来这三门是一只害怕马的狸猫变化而来，马一来，狸则遁走。(《怪谈见闻实记》[85])

再来举几例其他动物变作妖怪的故事。有个叫川口甚平的人来京都的本行院拜访一个和尚，偶然间窥见了寺中的三只幼猫变作少女的场景，他惊讶地把此事告诉了和尚。和尚同样大吃一惊，立刻就把那三只幼猫逐出庙门。猫对甚平记恨在心，从此以后，甚平时常感到身体莫名痛

苦，眼前不时浮现出猫儿的幻影，后来就一病不起，呜呼哀哉了。(《太平百物语》)

有一则关于龟与蛤蟆的怪谈。话说有个叫喜卫门的农夫，他在京都伏见街道朽木桥的桥头撞上两个身长九尺的法师。两法师把他掳到霞谷的洞窟中，轮流在洞口守卫，但喜卫门瞅准两人打瞌睡的时机，举起锄头砍死了他们，顺利逃回家中。可这喜卫门实在按捺不住好奇心，翌日又回到洞窟探查。洞口处躺着两只死掉的龟与蛤蟆，身长仅一尺。(《狗张子》)

有两则关于蜘蛛的怪谈。话说美作国的高田住着一个叫孙六的乡间武士，他坐在面向庭院的竹檐下打瞌睡，有一只女郎蜘蛛变为妙龄女子，邀他来到画阁朱楼之中共度一夜春宵。[86]（《太平百物语》）京都五条乌丸有座名为大善院的寺庙，在山中修行的觉圆曾留宿此地。夜里二更，忽然风雨大作，恰如山崩石裂，整座佛堂都在震动。一只覆满毛的巨手从天井伸进来，抚摸觉圆的额头。觉圆立刻向黑暗中拔刀劈砍，好像结结实实砍在了什么东西上，乃知此物的真面目是长达二尺八寸的大蜘蛛。(《狗张子》)

有一则关于鼠的怪谈。一日，朝仓藩的平井独自酌酒，一个身高仅三寸的冠服齐整之人率领着十四五个手下从他面前走过，但其中有两个不安分的家伙想跳进盘

鼠小人　出自《绘本妖怪奇谈》

中偷鱼吃。平井张弓射杀了二人。随后，七八个头领模样的小人前来叩头谢罪。这些人就是鼠所化的。(《夜窗鬼谈》[87])

有一则关于蛇的怪谈。武士佐田源内在琵琶湖畔接受一位美人的邀约，随她去其所居的金殿玉楼之中一夜风流。然而清晨醒来，武士发现宫殿变成了蛇窟，这才明白上了蛇精的当。(《拾遗御伽婢子》)

有一则关于猿的怪谈。信州的驹岳山麓住着一对年迈的夫妇，他们有一个女儿。一日，一个邋遢的男子登门拜访，他自称是某国国守[88]的使者，为求亲而来。他腰上挂着一柄长剑，身后跟着众多侍从。尽管此后他三番五次来求亲，老夫妇仍然满腹狐疑，他们与一个僧人商谈此事。僧人听罢，教给这对夫妇一种咒术以防不测。某日，蒙在鼓里的使者又来索要女儿，夫妇照僧人所说施法，屋中忽然蹿出一团烈火将使者烧死。他的真身是

一只六尺的猿猴。(《御伽空穗猿》[89])

有一则关于水獭的怪谈。据说水獭曾经变作一个叫甚太郎的少年,与一个叫孙八的人相扑。(《太平百物语》)还有一则关于蜥蜴的怪谈。有只蜥蜴从沟渠爬出,幻化成体型六倍于常人的大坊主。它在夜间潜入佐渡岛的富豪仪右卫门家中,像磐石般压在其妾身上。谁若是嗅到了它那恶浊的呼吸,就会顿时陷入酩酊大醉。据说勇士隅田小太郎击退了此妖。(《北陆奇谈》)

以上诸篇怪谈皆是从动物变化为人,动物之间的转化故事亦不少见。俳人向井去来曾经羁旅纪州,途中遇一男子便搭伴同行,二人来到海滨时,男子告诉他:"我终于如愿以偿来到了这里。就在此别过吧。"去来迷惑不解,问其缘由,男子说:"我的真身实为千年白蛇,今日就是我修行圆满之日,上天已许我化作天龙。"俄顷,飓风挟卷尘砂而起,大雨滂沱如倾,海面上逆浪乱涌,黑云遮蔽住万里长空。男子忽然变作白蛇,穿梭于风浪间,随着巨浪一跃而起,化作一道长虹消逝天际。目睹此景,去来以及车夫已经惊悸得面无人色。(《行脚怪谈袋》)

狐狸和狸猫不仅精通变化,它们在向人类复仇时也鲜有失手。在江户的品川有个叫巨作的人,一日,他去拜访住在浅草的常心,途中,他看见河堤上有一只狐狸,就朝它扔石头取乐。在常心的家中把酒言欢过后，夜深人静之时，一块不知从何而来的巨石猛烈地砸中巨作。据说这是来自狐狸的复仇。(《太平百物语》)

接下来谈谈植物化作的妖怪，常见的植物有松树、槐树、朴树、柳树和芭蕉等。

甲州的身延山有一棵古槐，经年成精。过往行人若不供奉器物衣裳，就会遭槐精作祟。有个叫茂次的农民着急去探望病重的母亲，过路时忘记给槐树献上贡品，槐精幻化为身披甲胄的武士追赶他。茂次连哄带赔罪，才获得了槐树的原谅。(《太平百物语》)

植物终究不像动物那样感情丰富，所以植物不会变成生灵、死灵和幽灵，仅仅是幻化成其他事物的形态罢了。参州贺茂郡的长兴寺门前有棵松树，名曰二龙松。一日，这树变成两个童子，参拜寺庙并借来笔砚，题诗云：

客路三川风露秋，袈裟一角事胜游。
二龙松树千年寺，古殿苔深僧白头。

吟毕，两个童子走入松树荫下便消失不见了。(《百物语评判》)

朴树精以及用作三十三间堂梁木的柳精的逸事[90]亦广为人知。此外，还有一桩关于芭蕉的风雅逸事。一个号

芭蕉精　出自《百鬼夜行拾遗》

称活山居士的隐者在美浓国的大井乡间过着与世隔绝的生活，某一年仲秋，有一面容姣好的女子来叩门，乞求在此借宿一晚。居士虽然答应了她，却将寝室分隔开，独自卧眠。于是，这婵娟美人不断央求同衾，居士不胜其烦，一把将她推开，谁知这女子竟然轻若一叶。隔天清晨，居士看向女子睡处，仅余下一片芭蕉叶，上面写道：

绿袖罗衣妆月明，有情何事却无情。

通宵不许同床梦，频扣华钟报晓更。

居士方才知晓昨夜的女子是芭蕉精。(《御伽厚化妆》[91])坊间还流传着这么一个故事，据说丰太阁[92]曾经将堺[93]的妙国寺中的苏铁移植至桃山城，于是这树化作一老翁，吟诗抒发对堺的眷恋。因此太阁又将它移回了旧园。(《夜窗鬼谈》)

接下来是器物化作的妖怪，譬如笤帚、团扇、笛子、棋子、罗汉木像、金刚力士、面具、绘马[94]等。摄津国花隈城城主荒木氏的家臣盐田平九郎曾在诸国流浪多年，回归故乡的途中，某夜，他投宿在一间荒屋，偶然听见隔壁房间有三个武士在悄声谈论关东的战事。盐田点上烛火却不见一人。他百思不得其解，仔细搜查屋内发现，在尘土中掩埋着一把笤帚、一柄团扇与一根笛子。于是他把这

三样东西埋在山麓下。(《狗张子》)

有一桩关于棋子的故事。江户的牛込有个叫清水昨庵的人，爱棋成痴，他散步途经柏木村的圆照寺，寺门前有一个肤色白皙的人与一个肤色黝黑的人。他跟这二人攀谈，问其姓名，一人自称是住在山中的知玄，一人自称是住在海边的知白。说罢便消失不见了。此二人即是围棋子化作的精怪。(《玉帚木》)

有一桩关于面具的故事。一日，泉屋银七前去探望老母，路上忽闻远寺钟声，响了九下，北风愈加凛冽了。这时，他看见一个披头散发的女人伫立在母亲家门前，她身穿淡蓝色的布袄，上面是件藏蓝色的围裙。奇怪的是，她始终背对着来人，即使银七自报姓名也不回应。银七想要强行进去，女人转而向味噌桶走去，她的身影逐渐朦胧不清，最后消失于无形。银七过去查看那味噌桶，里面有一张春日大社的古老面具。他寻思这就是方才那女人的真身，遂把面具献给村中的神社，此后妖魅再未出现过。(《御伽厚化妆》)古时的日本人将这种面具化作的妖怪称为"面厉鬼"[95]。

面厉气　出自《百鬼夜行》

有一桩关于金刚力士的故事。据说武藏国足立郡箕田的胜愿寺的金刚像会威胁出入寺门的妇孺。(《御伽厚化妆》)羽后国的羽黑山脚下有座寺庙,一个来自肥后的优婆塞[96]借宿时看见寺中十六尊罗汉动了起来。(《夜窗鬼谈》)

浅草的驹形道安热衷于绘马研究。某日,大雨忽至,他不得不在一处神社过夜,绘马精魂在他面前现身,传授制作绘马的诀窍。(《夜窗鬼谈》)相传大矶地区的化地藏[97]即为地藏石像所化。(《怪谈草子》)以上就是器物化作妖怪的例子。

自然界的事物中也不乏跻身妖怪行列者,比如云雷、花精和雪等。这是在秀吉还是羽柴筑前守[98]时发生的事。姬路城的侧面有一棵朴树。时值仲夏,一记惊雷落在这棵树上,朴树被劈成两半,这时,天空中暗云深锁,树木不住地晃动,久久不见放晴。正当秀吉迷惑不解时,有声音自天上传来,说:"我乃云上之雷,现今陷在朴树中而无法返回天宇。愿君垂悯,助我重归天上。"秀吉即刻命臣下砍断朴树的根,雷得以顺利归去。据说秀吉后来能建立不世之功即是云雷的报恩。(《拾遗御伽婢子》)

再来说一桩花精的逸事。昔日,京都的平春香去小金井赏樱,偶然走进一间屋子,屋中有一女子,二人便度了一夜春宵,立下婚契。夜色一散,房屋与佳人都消失不见了。后来，平春香在京都丸山邂逅了一位与那人长得一模一样的女子，二人的交往日渐亲密，互相爱慕。女子曾经不慎落水，幸蒙一僧人相救，还从他那里得来一张婚契。她偶然发现，自己手中的婚契与平春香的婚契上写着一样的文字，最终二人如愿结为夫妇。(《夜窗鬼谈》)这女子即是花神。

当时的人认为"山彦"[99]也是一种动物。(《百鬼夜行》)

严格来说，以上所有都属于化物的范畴，接下来我们再来谈谈狭义的妖怪。正如前述那样，妖怪的特征即是不可解性，没有人知晓它们的来历。因此，妖怪的存在显得颇为奇诡，似人又非人，似动物又非动物，植物也罢，自然物也罢，世上的森罗万象中都难以找到妖怪的归类。似人的妖怪包括居住在奈良元兴寺的妖怪"元兴寺"[100]，居住在海里的"海座头"[101]，隐约立于雪夜中的"雪女"，从松树枝叶间一窥其庞大身躯的"见越入道"[102]，居住在古老的姬路城中的"长壁姬"[103]，夜半时分驶过近江国甲贺郡的"片轮车"，车轮上长出一张恐怖人脸的"轮入道"[104]，"三目小僧"与"一目小僧"[105]，深山中的"山姥"[106]，在栽植柳树之处出没的"柳婆"[107]，无眼无鼻仅有一排黑齿的"齿黑女"[108]等。似动物的妖怪有河川中的住民"河太郎"，居住在深山中的"觉""山男"[109]和"山地乳"，多毛的妖怪"毛羽毛现"[110]等。似器物的妖

齿黑女　出自《绘本百物语》　　　山彦　出自《百鬼夜行》

怪则有状如皮球的"千千古"等。兼有人类与动物两者形象的则有"天狗""人鱼"[11]。此外，还有无法归入任何种类的"野篦坊"(のっぺらぼう)、状若一团火焰的"提灯火"、剪落女人青丝的无形妖怪"发切"、趁人熟睡时把枕头翻面的"枕返"等等。(《狂歌百物语》《绘本百物语》《百鬼夜行》)

这些妖怪的下场大多是倒在勇士的剑戟之下，与产生自怨恨的幽灵相比，鲜有妖怪怀揣着那般强烈的执念。不过这些妖怪中也不乏欺骗人类的狡黠之辈。筑后国的柳川附近有许多河童。一日，某个藩士的妻子参拜寺庙途中在一家茶舍歇脚，店中有一美少年频频与她攀谈。女子暗中揣摩这少年或许是僧人豢养的娈童。少年一边暗送秋

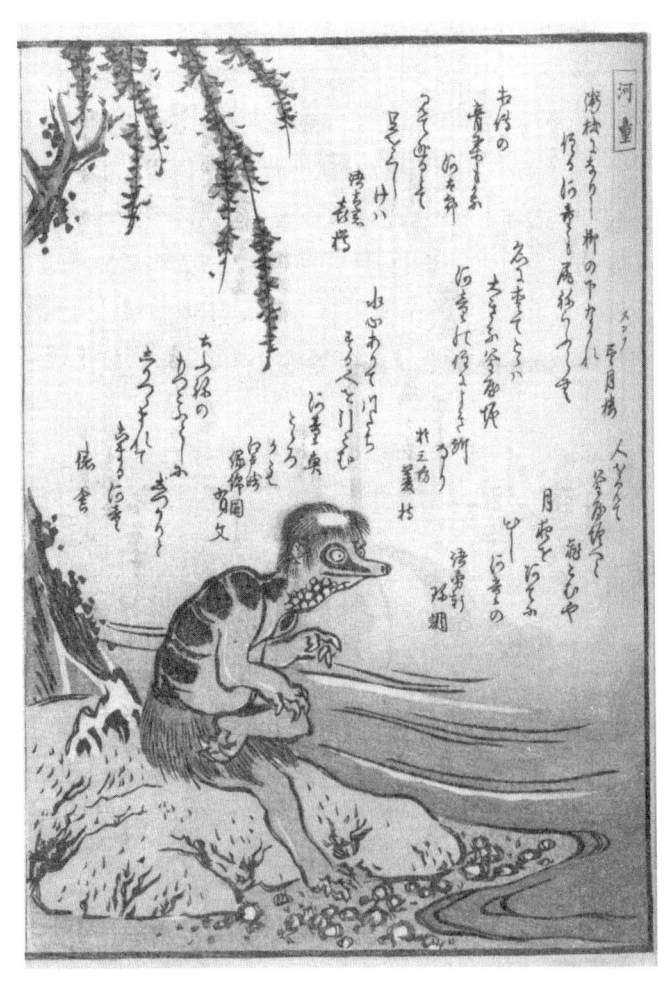

河童　出自《狂歌百物语》

波，一边凑近想要握住女子的手，惹得女子当即愤然离场。女子在佛堂内焚香上拜事毕，这少年又过来握起她的手，说些下流的请求。女子到底是武士之妻，狠狠地拧了对方的手一把，疼得少年号啕大哭。女子跟僧人说起这回事，可僧人却说从不认识什么茶舍少年。女子觉得此事有几分蹊跷，她回了家，如厕时忽然感到有人将手伸向她的私处。女子抽刀斩落了那只手，三指、长爪、肌肤黧黑却无比光滑。先前那少年上门求女子发发慈悲，将手还给他。武士之妻问他究竟是何人，对方答说是河童。（《夜窗鬼谈》）

纵观江户时代的妖怪与化物的世界，我们不难发现两种变化：其一，来历不明的妖怪数量激增；其二，从前的幽灵大多是为了提出要求、告知信息而出现的，江户时代的幽灵则有了更多副面孔。有的是出于眷恋，有的是为复仇而来，正因为交织了爱恨情仇，这一时期的幽灵怪谈中出现了相当多前代未见的凄惨场面。动物化妖的故事中依然由狐狸拔得头筹，而且它们的骗术愈加富有戏剧性，也愈加老到巧妙。

至此，我已经备述妖怪历史的沿革，相信读者也已对日本从古至今的妖怪与化物的种类略有所知。现将妖怪化物的种类归纳总结如下表：

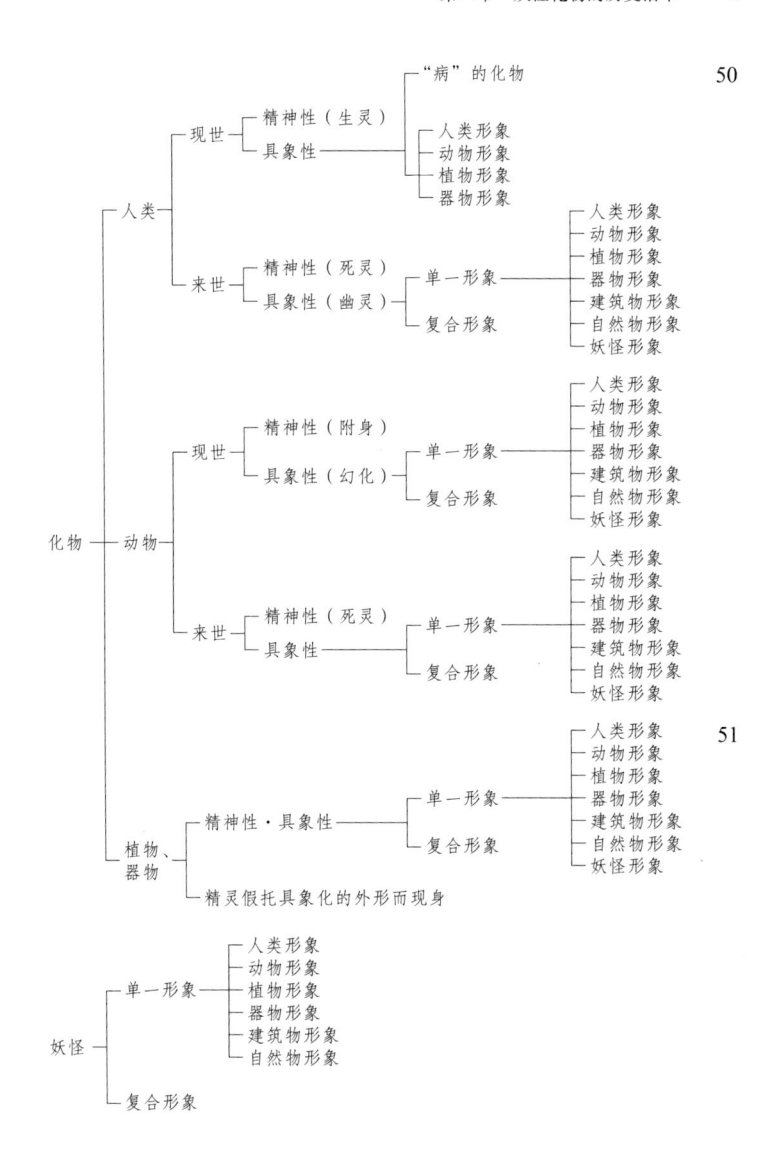

```
                                    ┌─ "病"的化物                              50
          ┌─ 现世 ─┬─ 精神性（生灵）  ┌─ 人类形象
          │        └─ 具象性 ────────┤─ 动物形象
          │                          ├─ 植物形象
   ┌─ 人类┤                          └─ 器物形象
   │      │                                          ┌─ 人类形象
   │      │                                          ├─ 动物形象
   │      │                                          ├─ 植物形象
   │      └─ 来世 ─┬─ 精神性（死灵）  ┌─ 单一形象 ──┼─ 器物形象
   │                └─ 具象性（幽灵）─┤              ├─ 建筑物形象
   │                                  │              ├─ 自然物形象
   │                                  └─ 复合形象    └─ 妖怪形象
   │                                                  ┌─ 人类形象
   │                                                  ├─ 动物形象
   │                                                  ├─ 植物形象
   │      ┌─ 现世 ─┬─ 精神性（附身）  ┌─ 单一形象 ──┼─ 器物形象
   │      │        └─ 具象性（幻化）─┤              ├─ 建筑物形象
   │      │                          │              ├─ 自然物形象
化物┤─ 动物┤                          └─ 复合形象    └─ 妖怪形象
   │      │                                          ┌─ 人类形象
   │      │                                          ├─ 动物形象
   │      │                                          ├─ 植物形象
   │      └─ 来世 ─┬─ 精神性（死灵）  ┌─ 单一形象 ──┼─ 器物形象
   │                └─ 具象性 ────────┤              ├─ 建筑物形象
   │                                  │              ├─ 自然物形象
   │                                  └─ 复合形象    └─ 妖怪形象
   │                                                  ┌─ 人类形象   51
   │                                                  ├─ 动物形象
   │                                                  ├─ 植物形象
   │      ┌─ 精神性·具象性 ──────────┌─ 单一形象 ──┼─ 器物形象
   └─ 植物、                          │              ├─ 建筑物形象
      器物 │                          │              ├─ 自然物形象
           │                          └─ 复合形象    └─ 妖怪形象
           └─ 精灵假托具象化的外形而现身


          ┌─ 单一形象 ─┬─ 人类形象
          │            ├─ 动物形象
          │            ├─ 植物形象
   妖怪 ──┤            ├─ 器物形象
          │            ├─ 建筑物形象
          │            └─ 自然物形象
          │
          └─ 复合形象
```

一言以蔽之，世间的人、动物、植物、器物、自然物都不过是镜花水月的假象，森罗万象之间自有其联系，而凭借一己之执念就能够在诸般物象间往来无阻者，即为妖怪化物。

然而自明治、大正时代以来，学术的照妖镜迫使妖怪化物潜身缩首于阴影中，感到战栗与恐惧的不再是人类，而是妖怪。人妖之间的主客易位，着实有趣。

注 释

1. 神代，指天地开辟至神武天皇即位之前由神祇统治的时代。
2. 神武天皇，《古事记》《日本书纪》记载的记纪神话中日本第一代天皇，和风谥号为神日本磐余彦尊。据传他率民从九州的日向东征，平定大和地区，史称神武东征。
3. 佛教在公元6世纪中叶传入日本。公元538年，百济的圣明王遣使者来朝，向钦明天皇献上镀金释迦如来像、佛经与佛具等。
4. 室町时代，日本史上由足利氏在京都室町开设幕府、掌握政权的时代。从建武三年（1336）足利尊氏制定建武式目起始，至天正元年（1573）十五代将军义昭被织田信长流放为止。
5. 应仁之乱，始自应仁元年（1467）延续约11年之久的内乱，围绕将军足利义政的继嗣问题，诸国的守护大名分为以细川胜元为首的东军与以山名宗全为首的西军，战乱波及日本各地。从此，京都荒废，幕府丧失权威，日本进入战国时代。

6. 江户时代，日本在江户德川幕府统治下的时代，始自庆长八年（1603）德川家康就任征夷大将军、在江户开设幕府，终至庆应三年（1867）十五代将军德川庆喜大政奉还明治天皇。

7. 天岩户为记纪神话中高天原天石窟的门，传说天照大神被其弟素戈呜尊的暴行激怒，躲入岩窟闭门不出。八百万众神商讨办法，天钿女命在天岩户前舞蹈，袒乳露阴，令诸神狂笑不止。天照大神推开天岩户窥看，当她现身时天地复归光明。

8. 《古事记》，日本现存最古老的史籍，成书于和铜五年（712）。由太安万侣将稗田阿礼诵习的《帝纪》《旧辞》撰录而成。共三卷，记述了日本的神代传说、天皇统治的由来以及王权国家的发展历史。

9. 伊弉冉尊，《日本书纪》所用的神名，《古事记》作伊邪那美命。记纪神话中与伊弉诺尊诞繁衍国土的女神，生火神轲遇突智时灼伤阴部而死，后成为黄泉大神。

10. 罔象女，《古事记》作弥都波能卖神，与淤加美神俱为水神。伊弉冉尊临终之际的呕吐物生金山彦神，尿水生罔象女神，粪便生埴山媛神。

11. 《日本书纪》，日本最早的敕撰史书，养老四年（720）成书，以汉文编年体形式写成。舍人亲王等编纂，共三十卷，记述自神代至持统天皇的日本正史。与《古事记》并称"记纪"。

12. 素戈呜尊，《古事记》作建速须佐之男命，伊弉诺尊、伊弉冉尊二神之子，天照大神之弟。凶暴无常，因天岩户事件被放逐根之坚州国，途经出云国时斩杀八岐大蛇，救下并迎娶栉稻田姬。

从蛇尾获得天从云剑献给天照大神。栉稻田姬,《日本书纪》作奇稻田姬,《古事记》作栉名田比卖,本书采用作者所用名称。

13. 高皇产灵神,《古事记》作高御产巢日神,最早在高天原出现的三柱神之一,生育、繁衍万物之神。

14. 少彦名命,《古事记》作少名毘古那神,身材矮小,协助大国主神作国,事成后去往常世国。与大国主神同为医药、温泉、酿酒之神而被广泛信仰。

15. 大国主命,又称大穴牟迟神、八千矛神,《古事记》所载的出云神话系统的主神,素戋鸣尊之子,与少彦名命共同创建苇原中国,后让国于天孙琼琼杵尊。后世常与大黑天混同,被视为福神。

16. 彦火火出见命,《古事记》作火远理,又称山幸彦,琼琼杵尊之子,神武天皇的祖父。迎娶海神的女儿丰玉姬,在岳父的帮助下使兄长海幸彦臣服。

17. 高天原,记纪神话中八百万诸神居住的天上界,由天照大神支配,与苇原中国、根坚州国相对。

18. 因幡白兔,《古事记》记载的白兔,它欺骗鳄鱼在海上排成一排,踩在鳄鱼背上从淤岐岛走到因幡,但最后说漏嘴被鳄鱼剥了皮。适时,大国主神及其兄弟们八十神来因幡向八上姬求婚,他们欺骗兔子在海水中洗澡、在高山晾干,使得白兔更加痛苦。唯有兄弟中最小的大国主神让它在河水洗净、在蒲黄花中打滚。白兔得救后预言,唯有大国主能娶到八上姬。

19. 伊弉诺尊,《古事记》作伊邪那岐命,与伊弉冉尊繁衍国土的男神,天照大神、月读尊、素戋鸣尊的父亲。

20. 黄泉丑女，又名泉津日狭女，《日本书纪》作泉津丑女，《古事记》作予母都志许卖。伊弉诺尊思念亡妻伊弉冉尊，追往黄泉国，乞求她随他回去。但伊弉冉尊已经吃过黄泉饭食，必须与黄泉神相商，要求伊弉诺尊等待期间不得窥看。伊弉诺尊未遵守约定，看到妻子腐烂的身躯上布满蛆虫，还有八雷神环绕，立刻逃走。愤怒的伊弉冉尊命令黄泉丑女追赶，伊弉诺尊扔出葛藤变为的葡萄、栉梳变为的竹笋、桃子，三次令黄泉丑女停住捡食。

21. 此处"国"指令制国，为古代日本基于律令制的地方行政划分，从飞鸟时代沿用至明治时期，于明治四年（1871）废藩置县时废除。播磨国在今兵库县西南部。下文的诸国皆如此属，不再赘注。

22. 肃慎人，《日本书纪》《续日本纪》中记载的生活在日本北部的少数民族。《日本书纪·钦明天皇五年》："越国言。于佐渡岛北御名部之碕岸有肃慎人。乘一船舶而淹留。春夏捕鱼充食。彼屿之人言非人也。亦言鬼魅，不敢近之。"

23. 奈良朝，日本律令制国家的鼎盛时期，始自和铜三年（710）迁都奈良平城京，终于延历三年（784）迁都长冈京。

24. 大领，律令制下的郡司长官，大多由地方上的豪族担任。

25. 县主，大化改新之前大和政权以县为国造（朝廷任命的世袭制地方长官）支配下的地方组织，管辖县的官员被称为县主。

26. 《日本灵异记》，全称《日本国现报善恶灵异记》，药师寺僧人景戒编著，成书于平安朝早期。基于因果报应的佛教思想，编录了雄略天皇至嵯峨天皇时期的民间故事。

27. 物部守屋（？—587），敏达、用明天皇两朝的执政官，推崇神道教而与崇佛的苏我马子对立，后企图拥立穴穗部皇子即位，被苏我马子所杀。

28. 圣德太子（574—622），名厩户丰聪耳，圣德太子为其谥号。用明天皇的皇子。担任推古天皇朝的摄政期间，制定冠位十二阶、宪法十七条，派遣小野妹子出使隋朝。他笃信佛教，执政期间广建佛寺，大力弘扬佛法。

29. "过来睡觉"的古日语作"来つ寝（きつね）"，与"狐（きつね）"谐音，故有此说。因此狐狸在后世成为指称妓女的隐语。

30. 这类鬼吃人的故事被称为"鬼一口"，被吃掉的女子只余下头部的情节很常见。一说因为人的灵魂宿于头部，如果鬼吃下人头就会丢失自己的灵魂。亦见《伊势物语》第六段，《今昔物语集》卷二十七第七、八篇。

31. 平安朝，始自延历十三年（794）恒武天皇定都平安京，终于12世纪末镰仓幕府成立。

32. 镰仓时代，日本历史上幕府政权的开端，一般认为始自建久三年（1192）源赖朝在镰仓开设幕府，终于元弘三年（1333）幕府执权北条高时覆灭。

33. 见《古今著闻集·第二十三编宿执·四九一》，原文还记述："人向此筝许愿时，若能实现，筝鸣自起；若无可能，则默不作响。"

34. 《古今著闻集》，镰仓时代中期的民间故事集，橘成季编撰，共二十卷。按神祇、释教、政道忠臣、公事等分为三十编。

35. 民部大夫，律令制下司掌户籍、租税、赋役的民部省的民部大丞、民部少丞的统称。

36. 《今昔物语集》，平安朝后期的民间故事集，编者不详，共三十一卷。分为天竺（印度）、震旦（中国）、本朝（日本）三部，具有很强的佛教训谕性倾向。每个故事都以"今は昔"（却说昔时）开篇，故得名。

37. 源融（822—895），平安朝初期的廷臣，嵯峨天皇之子，受赐源姓降为臣籍，擅长和歌。一说其为《源氏物语》主人公光源氏的原型。

38. 上皇，日本天皇让位后的尊称，又称太上皇、太上天皇。上皇若出家则称法皇。

39. 见《今昔物语集》卷二十七第二篇、《宇治拾遗物语》卷十二第十五篇，源融的幽灵不满他人住进自己家而现身，上皇呵斥道："你的儿子已将此园献给我，你又何故怨恨我呢？"此后源融的幽灵不复出现。该逸话还有异说，据《紫明抄》载，宇多上皇与御息所（侍奉天皇寝宫的女官中受宠的女子）在河原院赏月时，不知何物欲将御息所拉向屋内，上皇叱问何人，对方答说"融"后便放开了御息所，她已经失去了气息。

40. 别当，日本僧官制度中在东大寺、兴福寺等大寺总掌寺务的僧官。

41. "鲶"，按现行汉字规范应写作"鲇"。因日语中二字所指不同，此处保留"鲶"字。——编者

42. 《宇治拾遗物语》，镰仓时代前期的民间故事集，编者不详，共十五卷。收录了一百九十七则佛教故事、俚俗故事、民间传说等。

43. 赖豪是圆城寺的僧人。承保元年（1074）白河天皇的皇子降生，圆城寺向天皇请求开设戒坛，受对立的延历寺阻挠而作罢。赖豪怨恨绝食而死，死后化作铁鼠啃坏延历寺的佛经。

44. 藤原实方（？—998），平安朝中期的歌人，名列中古三十六歌仙。正四位下左近卫中将，后被贬为陆奥守，客死任地。据说实方的怨灵化为麻雀，潜入宫中偷啄食物，被称为入内雀、实方雀。

45. 源义经（1159—1189），平安朝末期的武将，源义朝之子、源赖朝之弟，幼名牛若丸。平治之乱后逃往奥州藤原秀衡处避难。1180年响应其兄赖朝起兵，在一谷、屋岛、坛浦等地击败平家。后与赖朝不和，再度投奔秀衡，秀衡死后，义经被秀衡之子泰衡袭击，自尽于衣川。其悲剧生涯被后世的民间故事与文学作品传唱不衰。

46. 元历二年（1185）十一月，受兄长猜忌的源义经离开京都，企图从摄津大物浦逃往九州，在海上遭遇风暴后退回摄津。

47. 町，日本旧时的长度单位，1町等于60间，约合109.09米。

48. 土御门，平安京皇宫上东门、上西门的别称。

49. 鸟边野，指位于京都东山区从清水寺至西大谷一带的地区。平安时期是著名的火葬场和墓地。

50. 见《今昔物语集》卷二十七第四十一篇。本文叙述过简，这个故事的前因是主人公与武士们打赌自己能捉住狐狸。然而狐狸巧施计策，幻化出街道灯火，把他引到旷野中，又变出十余个武士，哄骗他说如果狐狸企图逃跑就持弓射杀，上当的侍卫这才松开绳索，却使狐狸逃之夭夭。故事到此并未结束，三日后武士又去捉狐，始终保持警惕不松绑，一番严刑拷打后狐狸现出原形。武士拿火把烧光了它的皮毛，责令不许再戏弄人类。十日后，武士过高阳川畔，又见狐女，逗趣道："坐上马来吧，小姑娘。"少女回答："就算想坐，可也经不住火烧啊。"说罢就消失不见了。

51. 式部卿，律令制下司掌礼仪、文官人事的式部省的长官，平安朝以后由亲王担任。此处指醍醐天皇的第四皇子重明亲王。

52. 《太平记》，室町时代的军记物语，四十卷，作者不详，一说为小岛法师。作者站在南朝的立场上描述了从后醍醐天皇的讨幕计划至建武中兴、南北朝内乱的历史。

53. 平清盛（1118—1181），平安朝末期的武将，世称平相国。他在保元之乱、平治之乱中扫清敌对势力，就任太政大臣，建立平氏政权。后因地方武士的叛离、源赖朝等反平氏势力举兵而迁都福原，患热病而死。

54. 《平家物语》，镰仓时代的军记物语，作者不详。记述以平清盛为中心的平氏一门的兴亡。经琵琶法师的说唱（即平曲）而脍炙人口，对后世以谣曲、净琉璃为代表的文艺作品影响深远。

55. 足利义教（1394—1441），室町幕府第六代将军。义持死后，诸将领在石清水社前抽签决定让其胞弟义教继任。义教在任期间讨伐镰仓公方的足利持氏、土岐持赖，强化幕府与将军的权威，后被赤松满祐暗杀。

56. 蜷川新右卫门（？—1448），室町时代中期的武将，义教死后出家，法号智蕴。因与一休宗纯的往来而广为人知。动画《聪明的一休》中武士新右卫门的原型。

57. 《狗张子》，江户时代的假名草子，浅井了意著，七卷，为了意前作《伽婢子》的续篇。内容大多取材自中国的志怪小说，是将人名与舞台移至日本的翻案小说。

58. 草纸，也称草子、双纸，指用假名书写的物语、日记、和歌集等，也指流行于江户时代的插图小说。此处的草纸指"御伽草子"，即室町时代至江户初期完成的三百余篇短篇故事，多以教训、启蒙、幻想为题材，作者大都不详。享保年间，大坂书肆涉川清右卫门以《御伽文库》为名刊出其中二十三篇，因此得名。

59. 《付丧神》，一般指现藏于岐阜市崇福寺的绘卷，描绘了康保年间年末扫除时被丢弃的器物变成付丧神，袭击人类，在人间寻欢作乐，被护法童子与尊胜陀罗尼以密教法力降伏后，反省恶行并拜入真言宗，在深山修行成佛的故事。

60. 《百鬼夜行绘卷》，是以百鬼夜行为主题的绘卷的总称，以现藏于京都真珠庵的《百鬼夜行图》为代表，该作相传为土佐光信所绘。

61. 足利直义（1306—1352），南北朝时期的武将，足利尊氏之弟，协助尊氏创建室町幕府并掌握实权，后与尊氏不和，被毒杀。

62. 战国时代，一般认为指日本历史上从应仁之乱（1467）到织田信长上洛（1568）的混乱时期，幕府权威衰落，各地群雄割据，战乱频仍。

63. 《怪丑夜光魂》，享保二年（1717）刊行的浮世草子，花洛隐士音久著，收录了各地的奇闻异事、复仇故事等。

64. 《拾遗御伽婢子》，元禄十七年（1704）刊行的浮世草子，柳糸堂著，在浅井了意的《伽婢子》影响下衍生的怪谈集。麻生矶次的《江户文学与中国文学》指出该草子多处取材中国志怪文学，如《游魂契》改编自唐传奇《离魂记》，《鹣呼梦语》改编自宋传奇《杨太真外传》，《依业因粪土入死》改编自柳宗元的《李赤传》等。

65. 即平盛嗣（？—1194），平安朝末期平家的猛将，平氏灭亡后潜伏在但马国，化名日下部道弘，以饲马为生，后被镰仓幕府抓捕，斩首于由比滨。

66. 藤原忠光（？—1192），平家的侍大将，平景清之兄，坛浦之战失败后隐匿行踪，混入修筑永福寺的工匠中密谋刺杀源赖朝，败露后被杀。平景清（？—1196），原名藤原景清，平家的侍大将，人称恶七兵卫，因在屋岛之战、坛浦之战中奋战而扬名。后投降源赖朝，绝食而死。其事迹常被改编为谣曲与歌舞伎。

67. 大坂，即大阪的旧字，因忌讳"坂"字形如"士反"，明治三年（1870）改作大阪。

68. 《怪谈登志男》，宽延三年（1750）刊行的浮世草子，惭雪舍素及著。

69. 类似的化虫故事流传于日本各地，这类妖虫大多被冠以化虫者的姓名，如《三养杂记》《烟霞绮谈》记载的常元虫。妖虫作祟的故事中常出现破坏农作物的情节，如被冤杀后变成放出恶臭致使作物枯萎的平四郎虫、因偷吃萝卜被活埋后变成啃食萝卜的木熊虫、被木曾义仲讨伐的斋藤实盛死后变成吃稻穗的实盛虫等。

70. 寝肥现象只作用于女性，一说寝肥是为劝诫婚后好吃懒做、终

日贪睡的女子而被创造的妖怪。多田克己指出寝肥（ねぶとり）是从"寝太（ねぶと）"一词而来，指因细菌感染导致的痈疽，即寝肥本身是一种妖怪化的疾病。

71. 《绘本百物语》，亦称《桃山人夜话》，天保十二年（1841）刊行的怪谈集，桃山人著，竹原春泉斋绘。百物语，江户时代流行的民间习俗，夜间点燃一百支蜡烛，每人讲述一则怪谈就吹熄一支，据说最后妖怪将会出现。江户时代的怪谈文学常以百物语入题。

72. 辘轳首与飞头蛮相似，飞头蛮是头颅离开身体飞行，而辘轳首的身首仍由脖子连接。最早见诸晋代干宝的《搜神记》："秦时，南方有落头民，其头能飞。其种人部有祭祀，号曰虫落，故因取名焉。"

73. 锸，指垂在头盔左右及后部用以遮盖、保护颈部的防护物。

74. 《百物语评判》，又称《古今百物语评判》，贞享三年（1686）刊行的怪谈集，山冈元邻著。

75. 指梦游症。

76. 《玉帚木》，元禄九年（1696）刊行的怪谈集，林义端著。

77. 《狂歌百物语》，嘉永六年（1853）刊行的狂歌绘本，天明老人编著，龙闲斋绘。狂歌，追求谐谑、滑稽的俚俗短歌，起源于《万叶集》的戏笑歌与《古今和歌集》的俳谐歌，盛行于江户中期天明年间。

78. 《太平百物语》，享保十七年（1732）刊行的假名草子，菅生堂人惠忠居士著，高木幸助绘。

79. 《怪谈旅之曙》，宽政八年（1796）刊行的怪谈集，波天奈志小浮祢著，冈田玉山绘。
80. 《怪物舆论》，享和三年（1803）刊行的浮世草子，十返舍一九著。
81. 《小夜时雨》，享和元年（1801）刊行的绘本读本，速水春晓斋作，大都取材自《今昔物语集》《平家物语》《太平记》等书，故事多关于神佛灵验，武士降妖，遭遇幽灵、不可思议的仙人等。
82. 大名，日本古代封建领主的称谓。各时代的含义有所不同，室町时代指由幕府任命，统治领国的守护大名；战国时代指取代守护大名，形成分权式封建国家的割据领主；江户时代指将军直属家臣中俸禄在一万石以上的领主。
83. 太刀取，日本古时对刽子手或执行介错之人的称呼。
84. 三门，指建仁寺的望阙楼，此楼设空门、无相门、无作门为三解脱门。
85. 《怪谈见闻实记》，安永九年（1780）刊行的怪谈集，华文轩如环著。
86. 故事叙述与《太平百物语》略有出入，原书作蜘蛛化作五十岁的妇人，言己女属意孙六，引孙六来到自家屋舍，替女求婚。孙六以有家室为由推辞了，女儿忿然道："母亲前日命丧你手，仍为了我去寻你，你怎好辜没这心意？"孙六迷惑不解的当儿，楼阁消散，孙六躺在自家庭廊，只见檐下有一只结网的小蜘蛛。
87. 《夜窗鬼谈》，石川鸿斋编撰，用汉文写成的怪谈集，上下卷分别于明治二十二年（1889）和二十七年（1894）刊行。

88. 国守，原指日本古代律令制下由中央派遣至侯国掌管政务的国司长官，江户时代指领有一国或数国的大名。
89. 《御伽空穗猿》，元文五年（1740）刊行的怪谈集，摩志田好话著。
90. 三十三间堂，位于京都东山区七条的莲华王院的俗称，因内堂有三十三柱间而得名。传说横曾根平太郎的妻子阿柳是一棵巨大柳树所化，二人诞有一子，名唤绿丸。朝廷为祈祷后白河法皇头痛痊愈而修建三十三间堂，砍伐此树以作梁木。阿柳随之消失，但因不舍与家人离别，砍倒的巨木经过平太郎家门前便纹丝不动了。平太郎父子唱起民夫滚运木材时唱的号子，柳木才终于离去。本故事见净琉璃剧《三十三间堂栋由来》。
91. 《御伽厚化妆》，享保十九年（1734）刊行的浮世草子，笔天斋著。
92. 即丰臣秀吉（1536—1598），安土桃山时代的武将，初名木下藤吉郎，仕于织田信长，本能寺之变后击败明智光秀，征讨四国、九州、关东、奥羽等地后于1590年统一日本。太阁是古代日本对摄政或太政大臣的敬称，后指辞去关白职位的人。秀吉于1591年将关白职位让于养子秀次，故世称丰太阁。
93. 堺，位于大阪府中南部的城市，应仁之乱后作为日本对明朝、东南亚的贸易港而繁荣。
94. 绘马，以祈祷或还愿为目的而向神社献纳的彩绘匾额或画板。从古代向神奉纳马匹的风俗演变而来。
95. 面厉鬼，在鸟山石燕《画图百器徒然袋》中称为"面灵气"。
96. 优婆塞，即信男、男居士，指受持三归、五戒正式成为佛教徒的男子，亦指在家修行之人。

97. 化地藏，指现藏于大矶町西长院的地藏像，又称代身地藏。这尊地藏腰身有斫痕，据说恶太郎义景身中一刀却毫发无损，就是因为地藏替他承受了刀伤。

98. 丰臣秀吉曾用过羽柴秀吉一名，担任过筑前守。

99. 山彦，传说中的山神、精灵，古时山谷的回音被认为是山彦的回应。

100. 元兴寺，飞鸟时代出现在元兴寺的妖怪，每晚杀死钟楼的童子。雷神赐法的童子将其捕获，剥去毛发，发现此妖是寺中男仆的亡灵。故事见于《日本灵异记》。

101. 海座头，在大海中背着琵琶的盲僧形象的巨大妖怪。座头，日本中世以来对从事弹唱、针灸、按摩等职业的僧人打扮的盲人的总称。

102. 见越入道，传说走在路上会远远看到一个僧人，开始与普通人无异，但越走近其身形就越大，当人需要仰视才能看到他时就会被一口吃掉。此时须说"我已见到"才能躲过一劫。日文"見越し"指越过隔着的物体观看、透过某物观看。

103. 长壁，居住在姬路城天守阁的女性妖怪，每年一次会见城主，告知姬路城的命运。

104. 轮入道，此妖怪的形象为火焰包覆的牛车车轮中央长着一张男人的脸。据说在门前贴写有"此所乃胜母里"的咒符就能驱赶此妖。见《史记·鲁仲连邹阳列传》："故县名胜母而曾子不入，邑号朝歌而墨子回车。"

105. 一目小僧，只在额头中央有一只眼睛的秃头童子形象，不做坏事的无害妖怪，常以端着豆腐的形象出现。

106. 山姥，住在深山中的老迈女妖，会变作美人诱骗行人将其吃掉。一说山姥是由日本古时山岳信仰的山神演变而来，因此其既有鬼女的凶恶，也有母性特征，譬如传说山姥在足柄山养育了坂田金时。

107. 柳婆，传说树龄千年以上的古柳会变成老妇，跟过路人搭话。

108. 齿黑女，形象为脸上无目无鼻、只有如簸箕的嘴与一口黑牙（江户时代已婚妇女的标志）的女子，是只会吓人一跳，并不加害于人的妖怪。

109. 山男，居住在深山中的巨人妖怪，在日本各地均有传说。柳田国男认为山男是与人类社会隔绝的原住民的子孙。

110. 毛羽毛现，全身被毛发覆盖的妖怪，其形象或源于中国的毛女。《列仙传》："毛女者，字玉姜，在华阴山中，猎师世世见之。形体生毛，自言秦始皇宫人也，秦坏，流亡入山避难，遇道士谷春，教食松叶，遂不饥寒，身轻如飞，百七十余年。所居岩中有鼓琴声云。"

111. 人鱼，镰仓时代的《古今著闻集》记载的人鱼是鱼身人面，直到江户时代的怪谈本才出现与欧洲相同的上身为人、下身为鱼的人鱼。传说八百比丘尼食人鱼肉而长生不老。

第三章　妖怪化物的生成及出现的原因

妖怪与化物因何缘由在世间现身？在此之前，它们又是因何缘由而生成？据敝人研究，原因大致有以下三点。但需注意，属于狭义的妖怪者，其来历真身俱无从探知，因此与下述原因无关。

一、遗执的原因
二、他律的原因
三、时效的原因

"遗执的原因"即人类的某种感情达到高潮而化作执念，行走人世间却无法维持平和的心境，纵使身死也无法前往极乐净土，最终沦落为妖怪。万物中最为敏感的人类自不待言，连动物以及更为钝感的植物有时也会因妄执而面目全非。世间最令人恐怖之物难道不就是妄执吗？

人类的执念可怕到何等地步，请看这一桩能登国小金山的又六的故事。话说又六贪恋婢女的姿色，终日与她厮混一处，但这婢女日益恃宠而骄，甚至打起了将又六的原配夫人驱逐出门的算盘。她偷偷把自己的衣裳剪烂，向又六哭诉说，此乃夫人出于嫉妒的报复。沉湎情爱的又六轻信了谗言，把妻子赶出家门，使之在悔恨中身染重病，最终悲惨地离开人世。妻子的尸体收殓入棺椁，又六和僧人准备为她守夜的当儿，棺材嘎吱嘎吱地响动起来。随着一声轰然巨响，死去的妻子从棺中霍地站起身来，旋即将那可恨的小妾的头颅咬下衔在口中，情状殊为恐怖。又六声泪俱下地说要痛改前非，乞求她的原谅。妻子的幽灵见此情景，不禁松了口，那颗头颅滚落在地上。此即为因妄执而生的幽灵。（《北游记》《北陆奇谈》）

幽灵　出自《怪谈百鬼图会》

亦有生者因执念而化作妖怪的故事。近江国的八幡住着一个叫权作的人，生来聪慧异常，诸般艺能，无所不通。他的傲慢不逊使他变成了天狗。一日，眺望着白雪霏霏的三上山，权作吟肠九回，念出这么一首和歌来：

愿未见富士山的人哪,来看这近江三上之山,晨
雪渐白。

咏毕,权作自觉妙手偶得,名烁古今的公卿恐怕也未曾写下如此秀逸的和歌。这时不可思议的事情发生了,随着骄慢在权作心中滋长,他的面容遽变为朱红色,鼻子伸长一尺有余,两边侧腹部阵痛不已,生出一对翼翅。一个五六岁的稚童吓得直哭,手足无措间竟然紧紧揪住那长鼻子不放,天狗就这样一跃而起,飞向空中。后来,人们发现这孩子挂在村外的老松上而死,而权作始终下落不明。(《怪丑夜光魂》)

下面的故事则与出于恋慕的执着有关。越中国有一位十四岁的少女,爱慕着邻家十五岁的美少年。少女的父母知悉了细情,遂禁止她出家门半步。少女为相思之苦所困,日渐憔悴。某日,男子走出檐廊,少女的头颅就脱离身体,倚在院墙上凝望着心上人的身影。少女的兄长惊骇不已,举刀斩断了连接在头部与胴体间的细线。那颗头颅应声坠地,可怜少女顿时横尸闺中。(《大和怪异记》)[1]又有这么桩奇怪的故事。京都有一游妓,唤作龙田,她与本町的商人山本又助暗许终身。可俗话说男子心如一日三变的秋空,这男子终究是变了心。女子恋心犹炽,切下一根手指送给又助,暗示自己独自殉情的心意。这根手指不

知何时变成了鬼，长出两根犄角。又助恳求僧人传授念佛之法，并情愿皈依佛门，那根手指才变回原状。(《怪丑夜光魂》)

动物因执念而化作妖怪之事自古有之，源三位赖政射杀的鵺因为妄执化而为马，名为"木下"，备受赖政之子仲纲的宠爱。平宗盛向仲纲索要此名驹而不得，最终竟然杀害了他。这其中的缘由曲衷见诸《大和怪异记》。[2]天文年间，西国的宇佐美家的藩士斋乡内藏佐友有两个女儿，名唤玉笹、小露。玉笹年幼的时候生了场怪病，迷信的佐友依照《独异志》[3]所述，把一条赤狗拴在马腿上，驱马奔走五十里，断掉的狗头早已不知掉在何处。佐友让玉笹贴在狗尸的创面上，从而逼出了她体内的蛇。然而待玉笹长到十八岁，那条赤狗的亡灵变成一个名为阿吉的侍女，趁其他侍女外出之际，吸干了熟睡中的玉笹的血。(《怪物舆论》)

执念不仅能够令动植物化为妖怪，甚至能让没有生命的物质发生变异。宽政十年七月，京都的大佛殿起火，本应毁弃火海的大佛竟然出现在大坂。(《大和怪异记》)想必是这尊大佛怀念督建者秀吉的缘故才现身大坂的吧?[4]

妖异发生的第二种原因为"他律"，即在不得已的情况下化作妖怪，某种巨大的力量推动了这种变化，比如咒语、佛法或者鬼魅的力量。

第三章　妖怪化物的生成及出现的原因

试举一例关于咒语的怪谈。出云国有个叫调介的人，他迷恋友人的美人画，一片痴心想娶画中人为妻。友人淡然说道："这有何难？你只需昼夜诵念'成真'二字，不消百日，画必成真。届时你再将八年的陈酒倾浇在画上，美人自会从画中走出。"调介大喜过望，遵照友人的吩咐行事。不可思议的是，画中的窈窕美人果真从挂轴上走了出来。调介如愿以偿与她结为夫妇，诞下一子。这时，调介的弟弟进兵卫来访，惊讶于兄长不知何时竟已娶妻，问其原委，调介便将事情始末告诉了他。进兵卫告诫兄长说，此必为妖术，若不趁早除掉此女，必将招致灾厄。说罢，交给调介一口名剑。女子在帘后听到了这一切，哀叹调介疑心已起，二人再无法长相厮守。一日，女子吐出了那口陈酒，霎时消失无形。（《太平百物语》）

再来说说关于佛法的怪谈，这一类记载可谓俯拾皆是。敏达天皇治世的时候，据说河内国和泉郡的海上忽然传来管弦之声，闻之如筝、如笛、如琴。遥望海面，似乎隐隐有什么在发光。天皇命令臣下前去查探，乃知晓发光的东西是一根浮在海上的楠木。天皇得此灵木由衷欢喜，将其用于造佛像。（《今昔物语集》）诸如此类与佛缘相关的灵妙传说还有很多。

另一些故事则讲述了人因为轻蔑佛教或者在鬼魅力量的操纵下堕入妖怪之道。若狭国远敷郡的熊川有个叫蜂谷孙太郎的人，自以为读过几本经典便毁谤佛教，声称善恶因果之理、三世流转之义皆是虚妄，对地狱、天堂、娑婆、净土诸说一笑置之。一日，他赶往敦贺，但走到今津川原时便已日暮，他看见道旁堆着累累死尸，青鬼忽然出现在眼前。他拔腿就跑，慌忙中藏身在一间佛寺避难。等到风头平息，他再度上路，但在回到这片原野时瞬间堕入了地狱。阎魔殿判他可以回归人间，然而等他刚平安抵家，顷刻间头顶生角，嘴变尖，朱发逆立，双眸射出碧色的光辉，活脱脱一副鬼的模样。惊恐的人们封住了孙太郎家的门，他最后死在了家中。（《拾遗御伽婢子》）

此外，还有因他物的怨恨而变作妖怪的例子。某个僧人偷走邻居的鸡，饱餐了一顿。察觉失窃的邻居前来问责，僧人答道："像我等剃发染衣之徒，谨遵释迦的教诲，每日慈悲行事，怎会犯下这般恶行呢？"话音未落，僧人口中发出几声鸡鸣，一颗鸡头从他口中伸了出来。鸡的怨念当场拆穿了这位出家人的诳语。（《妖怪奇谈》）

鸡僧　出自《绘本妖怪奇谈》

第三种"时效的原

因",是指万物随时间流变的自然法则。譬如古时的迷信认为人老朽至极则成妖。先前所述,向井去来在羁旅纪州时的旅伴由白蛇化作天龙,就要先历经一千年的岁月。

平安朝的《今昔物语集》有一则故事,说的是一个猎人的母亲,年事已高,化为厉鬼,想要将儿子吞下。作者源隆国评述道:

> 由此可知,父母的年纪过于老耄以后,必将变成妖怪起意啖食其子。[5]

《阴阳杂记》也有"器物历百年则化为精怪"之语,从人类到无心无欲的器具都将在漫长的年月流逝后变为妖怪,著名的《百鬼夜行绘卷》与《付丧神》描绘的妖怪大多源自这种思想。我们不难从猎人之母以及早先提到的筝、笛子、面具的故事中想象这种变化。

至此,我们已经追溯了妖怪生成的缘由,接下来说说它们在人间现身的原因。在参考过许多著作后,我认为妖怪出现的因由可以总结为以下四点:

一、爱慕
二、怨恨
三、特定目的

四、无目的

所谓的"爱慕",即因爱慕他人而变为妖怪出现。人类的各种感情中唯有爱与恨才能留下如此深刻的执念。俗谚云"一寸之虫亦有五分魂魄",就连无心的植物与器物上也可见爱恨的余迹,尽管厚薄有异,但一切事物都受这种感情所支配。从古至今,出于爱恋而出现的妖怪化物不胜枚举。

先来说说人变作的妖怪吧。京城中有一武士,他把妻子遗弃京中,去往外地赴任。任期届满,时值某年的九月,武士回到了京都。他风尘仆仆地赶回旧居,眼前一派破败荒凉的景象,全然不像有人居住的地方。爱妻一人悄然坐在房屋中。二人把这些年来压在心底的话互相倾诉,相拥而眠。不觉间夜色散尽,日光从格子门窗间洒落进来。武士定睛一看,怀中之人分明是具仅剩皮骨的死人。惊讶的武士向邻居询问才得知,夫人已经于这年夏天离世,无人愿意为她料理后事,也无人愿意接近这栋房屋,因此尸体至今还在室内。男子听罢浑身战栗,便离开了那里。(《今昔物语集》)

既然有女子的幽灵,自然也少不了男子幽灵的怪谈。话说武藏国浅草附近有一富豪,此人的女儿容貌端丽,不让小町[6]。是时,女子去深川的灵岩寺参拜,寺中有个叫智闲的僧人对她一见倾心，油然而生的爱慕使得春光都顿失颜色。智闲自忖无计与心仪的女子共结连理，于是终日悲怨，他心魔难消，便想索性投了那深川一死了之。死意已决的智闲在永代岛的海滨踏上了冥途。女子对此事一无所知。一日，当她远眺角田川中的行舟时，水面上忽然浮现出智闲枯瘦衰朽的面影，青火飘荡在他的四周。女子惊惧得断了气，幸得旁人许多照顾才苏醒过来。(《拾遗御伽婢子》)

上述故事都发生在男女之间，其实男子间的爱情亦有出现。京都的久我地区有一个十七岁的美少年，名叫德之丞，他死后在昔日的恋人、上杉宪政[7]的家臣扫部新五郎面前现身。(《狗张子》)据说大伴家的侍从浅原平六的养女死后，从埋葬的棺椁中脱身，钻入邻家的二十岁青年筒冈权七的被衾，不住地在他耳畔喃喃私语。(《狗张子》)迷失在纷乱恋情中的人去世后，亡魂仍将像生前一样淫荡，不分对象地诱惑生者。据说一个名叫好云的僧人就曾在甲府的茅屋与素不相识的幽灵野合。(《狗张子》)谣曲《隅田川》[8]的梅若丸的亡灵与见者是母子关系。《雨月物语》[9]的《菊花之约》一篇中的赤穴宗右卫门不惜化作魂魄也要去见挚友丈部左门。不过，在因爱慕而出现的幽灵中，与男女关系相关者占据了绝大多数，其中多数幽灵都是平和柔美的形象，而且这些心怀爱慕的幽灵极少以人类之外的生物的面目现身。

人以外的事物出于爱慕而变成化物的事例先前已经提及，譬如猿猴变成人追求少女、佐田源内受蛇女诱惑等故事。再有，一个姓三村的人，某日醒来，惊讶地发觉眼前躺卧着一个容貌秀美的妇人。但他细看时发现，这女子的头发仿若银针一般。他满腹狐疑，在第二日这女子再次前来时斩杀了她，其真身是六尺左右的山姥。（《小夜时雨》）甚至还有一桩情爱故事，说的是有人爱上一座石塔，最终如愿娶了石塔化作的女子为妻。（《大和怪异记》）爱恋的羁绊甚至能够感染无心的器物，可见爱恋是世间森罗万象所共有的强烈心象。

接下来说第二种，生于怨恨的化物。怨恨这种感情的激烈程度毫不逊色于爱慕，甚至更加让人铭刻于心。人类因宿怨而堕为生灵、死灵的故事，前例已有提及，被怨

梅若丸的亡灵化作隅田川边柳　落合芳几绘

恨驱使的幽灵亦经常出现于怪谈中，而且令人惊骇的程度不减分毫。最著名的怨灵当属戏曲《四谷怪谈》的阿岩、阿累[10]。尽管《四谷怪谈》的故事在日本妇孺皆知，我们还是依照本书体例对故事情节做简略叙述。

幕臣伊右卫门是民谷家的女婿，此人颇为放纵无赖，被岳父叱责逐出家门。怀恨在心的伊右卫门暗中杀害了岳父。他的妻子阿岩不知内情，遭此大难后一筹莫展，唯有央求丈夫回到自己身边。但此时，邻居伊东家的女儿阿梅对伊右卫门暗生情愫。在阿岩生下孩子后，伊东家送来谎称是调养药膳的毒药，致使阿岩的容貌尽毁，变得丑陋可怖。伊右卫门自此愈发地厌恶阿岩，命令按摩宅悦伺机谋杀阿岩。然而，宅悦将伊右卫门与伊东家的勾当向阿岩和盘托出。阿岩一时气愤难当，想要去手刃仇人阿梅，但宅悦阻拦且失手弄伤了她。阿岩在愤怒中离世。伊右卫门诬蔑家中的下仆小平与阿岩有染，残忍杀害了小平，把两人的尸体钉在门板上，扔到河中随水流走。后来，伊东家举办盂兰盆节[11]的施饿鬼会，张挂的灯笼忽然由红变作幽绿，灯火中仿佛浮现出阿岩的身姿，并作势搂抱住伊右卫门。伊右卫门拔刀将她砍成两截，却发现被砍中的人是阿梅。阿岩在一旁放声大笑。伊右卫门后去打捞起那扇门板，尸体仍好好地钉在上面。(《夜窗鬼谈》)

延喜八年六月，菅原道真公[12]的亡灵化作雷落在宫

阿岩的亡灵附着在灯笼上　春梅斋北英绘（松本善右卫门藏）

中，将藤原一门的公卿当场烧死，得以报仇雪恨。又一说，菅原道真的死灵作祟在时平[13]身上，时平大限将至时，被耳中爬出的蛇闷死。（《北野天神缘起》[14]）

亡灵大抵只会对怀有宿怨之人施展报复，然而就像对性事饥渴的亡灵会不分对象地挑逗献媚一样，有时亡灵积怨太深也会牵连无辜。宽永初年，吉川氏的家臣松冈四郎左卫门被他人诬陷下狱，处以极刑，他在被枭首前咬牙切齿道："倘若我死后留得一魂半魄，必报此仇。"七日后，他的亡灵将进谗言的父子折磨致死，灾祸甚至殃及过路行人，死者达千人之多。（《狗张子》）

以上所说皆是亡灵，活着时变作化物复仇的桥段也不少见，譬如著名的日高川安珍清姬的传说。醍醐天皇在位的时候，一名叫安珍的僧人前往熊野参谒神宫，途中在室郡的真砂庄司家借宿，这家的女儿清姬对安珍一见钟情，向他吐露爱意，当夜两人便成了好事。安珍承诺，参拜后回来与她相会。然而这不过是浪子戏言罢了。安珍在归途中压根未作停留，径直朝北方而去。清姬亦动身追赶，但愤懑涌上心头，追至天田时她已化身为一条蛇。逃入道成寺的安珍躲进一口大钟里，清姬便用蛇身围绕着大钟缠成七层，把安珍活活烧死。(《安珍清姬略物语》)《今昔物语集》也辑录了这一故事，但有少许不同。[15]

有时，人为了复仇还会变作鬼。在多山之国有一个俸禄二百石的武士，他听从母亲的建议娶了一房妻子，但这女子生性善妒，动辄嫉恨入骨，最终竟妒火攻心，丢了性命。在她死后，武士先后娶了五任妻子，都因为亡妻作祟而病故。亡妻作祟的方式千奇百怪，有时发出雷鸣般的声响，连房屋都震动起来；有时会以临终的模样现身，披头散发，咬牙切齿，不断念叨"真可恨，真可恨哪……"；有时会从火中出现，口中吐出炽焰。夫妻面对面的时候，丈夫不胜其烦，只能捂住她的嘴，蒙住她的眼睛，别过脸不理睬她。她的手会散发像蒜似的气味。传闻说这位好妒的妻子死后变为一丈高的鬼，浑身只剩皮骨，嘴巴裂开到耳边，眼睛瞪得像牛眼，指甲伸长一寸有余，在虚空中自由奔走。(《怪谈旅之曙》)

至于动物的亡灵，我先前已经举过鳖的故事。动物生前变形的复仇可见下面这桩怪谈。吉田六右卫门曾经戏耍欺负过狐狸，这只狐狸就潜伏在他走过的乡间小路旁，乔扮成一对打算殉情的男女，巧言令色地附上右卫门的身，使他发了狂。(《怪谈见闻实记》)伏见有家名为德地屋的粮店，一日，有个五十岁上下的女人在店内寄存了一个桶。令所有人目瞪口呆的是，这桶竟自己动了起来，从中出来个小和尚，而且转眼间变为七尺高的大入道，睥睨四周，抱怨道："好狭窄啊！"店主人也不是胆小怕事之辈，他拔出腰刀，怒目圆睁，呵斥道："不论你是何方妖魔化物，只应速速离去。若定要招惹灾祸，就休怪我将你斩除。"入道答道："我本是大坂真田山的狐狸。近些时日，你店中某人在我家里撒尿，污秽了我的居所，属实可恨。我拜托桃山的狐狸，今早化成人形，将我带到这里。"店主人逐一盘问店内众人，果不其然，掌柜太次兵卫面如土灰，连忙谢罪。于是，店主人向入道道歉，并许诺从明日起连续三日向真田山的狐穴供奉红豆饭和炸物。入道这才心满意足地离开了。(《太平百物语》)

　　植物、器物因怨恨而化成妖怪出现的故事，虽见于稗官野史，但是极为罕见，这里有一个比较接近的故事。话说因幡国有个叫作野屋某某的财主。某夜，五个盗贼破门闯入，逼迫主人交出金银财宝。正当他们在仓库搜刮财物之时，忽然出现了一个赤发金目的力士，阻隔在盗贼们的面前。这伙人吓得魂飞魄散，也顾不上偷窃的银箱，慌忙逃窜了。原来仓库中安放着一尊金刚力士雕像，它因怒气而化作真力士。事后，主人取出这尊木像，力士像还淌着几滴汗水，足底沾有尘土。(《太平百物语》)

此外，还有人偶之间出于怨气相互厮打的逸事。据说每逢夜深人静时，人形净琉璃[16]的后台就会有诡异之事发生，有人曾目睹盐谷判官[17]与师直[18]的人偶扭打成一团。(《绘本百物语》)这些人偶有时也会作祟于人。野吕松三左卫门因为不慎从人偶头上跨过而遭殃，罹患疟疾，向人偶赔罪后才痊愈。(《绘本百物语》)

然而，严格来说，狭义的妖怪很少因为怨恨出现，因为妖怪鲜与人接触，自然少有受人类压迫的契机。为数不多的故事中有这么一桩。话说某国的太守砍伐了山上的树木，不料这片森林是天狗的居所，盛怒的天狗每晚剪断太守家中一名女子的青丝以泄恨。哪怕再位高权重的人，擅自砍伐森林也会遭此厄运，可不慎乎？(《太平百物语》)

妖怪出现的第三种原因是有"特定目的"，即因为欲有所为才现身人间。妖怪所持的目的种类繁多，比如有妖怪为了追求某物而现身；与此相反，也有妖怪是为了递交某物或告知某事而现身。其他常见的目的还有问答、感谢、谢罪、训诫等。首先来看为追求某物而出现的妖怪。话说隅屋藤九郎的儿子藤四郎在应仁之乱时中流矢而死，他的幽灵出现时梳着唐轮髻,施淡妆,铁浆染的黑牙[19]与身上一袭白衣正相衬。他请求在诸国巡礼的僧侣将他的姓名写入过去账[20]。(《拾遗御伽婢子》)谣曲中登场的精灵大多取材于这一类幽灵故事。这类幽灵最初出现的目的是乞求托钵行脚的僧侣为之念佛,后世演变出请求祭祀、供养等目的。元禄年间亦有一桩奇谈。摄津国的今宫附近有一个擅长落语[21]的人,名叫千叶又五郎。一日傍晚,有一美人登门拜访,希望他给说上一段。这千叶是个有名的风流汉,忙不迭讲了段逗人发笑的好活儿,可这女子得寸进尺,又央他说一段令人心悸的故事。千叶照做了,女子却说:"这种程度根本谈不上恐怖,且让妾身给您演述一番吧。"女子的面容忽然变成可怖的鬼脸,千叶吓得浑身瘫软,昏厥过去。待他醒来时,那女子早已化作烟霞逃逸。(《绘本妖怪奇谈》)

再来说一桩饿鬼的故事。一日,风和气淑,落日西垂,正当五宫[22]在御所休憩之时,宫中忽然来了个奇异的妖怪,独腿,身长仅一尺七八寸。五宫问道:"汝乃何人?"饿鬼静候在侧,答道:"口渴难耐,万望相助。"五宫赐予它一盥清水,饿鬼即刻一饮而尽。(《古今著闻集》)显而易见,饿鬼出现的目的即是求水。

为告知某事或递交某物而出现的妖怪,可见于下面这则故事。安政二年十月一日,《安政风闻集》[23]作者的友人中村大作启程去下总，隔日关东地方发生大地震[24]，大作担心家人的安危，就派遣仆人十介继续前往下总，自己则原路折返。十介办完事后连夜赶回江户。是夜亥时，十介在最教寺南边的道旁歇脚打盹，夜岚浸身，道边的灯笼忽然被点燃了。十介睁开睡眼，见灯影下伫立着一位年轻女子。十介吓破了胆，满脑子逃命的念头，双腿却不听使唤，浑身瘫软，只能在原地发抖。女子说："无须害怕。妾身是柳岛的蜂须贺小太夫的女儿，与足下的主人大作颇有几分因缘。这一包袱请妥善交付你主大作手中。现在请足下伸手接过此物吧。"战战兢兢的十介不敢正视，仍然别过脸，伸出手去接，只觉握住了什么沉甸甸的物什。等他敢正眼看时，女子早已无影无踪。于是十介赶忙回去将此物交给主人。大作不得其解，打开包袱发现里面装着金子和一封书信。原来这女子已经死于震灾。据说中村大作曾将此信拿给《安政风闻集》的作者过目。这封来自幽灵的书信中写道：

　　十月二日夜，我与家中众人俱殒命于地震，包袱中的东西就请收下吧。
　　……请君代为料理身后之事。感激涕零。
　　　　　　　　　　　　　　　　　三千　绝笔

这一故事中的妖怪即为递交某物而来。

先前说过猿猴为了掠夺女性而以人形出现，再举一例鬼的故事。昔日，宫中有一把代代相传、名曰"玄象"的琵琶，某日竟离奇丢失了。十四日后，从朱雀门楼上缒下一物，绳上系的正是遗失的琵琶。据说是被鬼偷去弹奏了。(《古今著闻集》)

为问答而出现的妖怪，故事有这么一桩。名僧周可长老拜访美浓国垂井的金莲寺，并在此地借宿一晚。夜半时，一个苍白纤瘦的女子走入屋内，腰身以下被血染红，她徒然可悲地在半空中写下这样的文字："问堕地狱，受苦时如何？"长老答道："出圆通，入圆通，何处有地狱？"幽灵又问道："莫论地狱，试看此体。"长老复答道："其体即佛性。"说罢，女子的身影就消逝无形了。女子原是第四代镰仓公方[25]足利持氏[26]的两个幼子春王、安王的乳母，二子在金莲寺被杀害后，乳母也经受严刑拷问，膝盖被锥子刺穿，舌头被割下，连悲鸣都无法发出。据说，女子死后化作幽灵，从京都长途跋涉至此地，只为了看一眼春王、安王的墓地。(《玉帚木》)

相传都良香[27]曾沉吟"气霁风梳新柳发"，正当他斟酌下句时，忽现一鬼，对曰"冰消波洗旧苔须"，一时传为佳话。(《十训抄》[28])

接下来是为感谢而出现的鬼怪。昔日，道登法师的侍从万侣看见一颗骷髅被人踩踏，于心不忍，他便把骷髅安置在树杈间。骷髅出于感激而变作人的身形，款待了万侣。(《日本灵异记》)但这种故事终究是少数。

说到因谢罪而出现的妖怪，就要数大纳言[29]藤原泰通遭遇的奇事了。据说在京都的五条坊门高仓的亭子附近常有狐狸出没，作弄行人，所以泰通颁布了狩猎狐狸的敕令。当晚，泰通梦见了一个身穿木贼花纹狩衣的男子，他赔罪道："请大人饶恕这一回，若以后再有恶行，甘愿受任何惩罚。今后如有吉事，必来告知。"言毕，穿狩衣的男子变回狐狸模样，望了一眼泰通，便从竹帘下逃走了。此后，狐妖出没的事情再没有发生过，而且泰通每逢吉事，必定能提前知道。(《古今著闻集》)

再说一桩与训诫有关的怪谈。土佐有个恶次郎，有人对他说赞岐国白峰深处住着可怖的妖魔，为了探清传说真伪，恶次郎与同伴岩八二人去了那座山。途中，他们遇到一位拄杖的老者，他自称是山中累月经年化成的朴树精魂。老者说："此山有一狰狞可怖的妖怪坐镇，实乃日本第一恐怖的妖魔洞府。尔等如入此山，必不得生还，还是听从老朽的忠言，尽快离去吧。"老者说罢就不见了。(《太平百物语》)另有一桩有趣的逸事，说的是浅草川的医师驹方道安，悬壶治病的本业既不忙碌，他便潜心于绘马的研究，在外人眼里倒也是个忙人儿。一日，骤雨袭来，道安不得不在一处佛堂过夜避雨。入夜，一个五十余岁的男子出现在他面前，说道："我乃古笔绘马的精魂。阁下的绘马技艺之精湛已远超凡匠，然而只把功夫下在钻研丹青之精粗、画具之优劣上，恐怕难以参透绘马笔力之奥妙。况且阁下近年来倾心于摹画游廊歌妓，甚至把这些艳作置于前人的绘马之上，实属无礼至极。"于是，男子将川中岛合战[30]等主题的绘马技法传授于他。（《御伽空穗猿》）这一类妖怪赐予人类教诲的故事也是少之又少。

上述的出现原因之中，最常见的是意图加害素无恩怨的人，由此可见妖怪化物的残忍本性。狐、狸、鬼、天狗、饿鬼等妖怪出现的目的大体上均属此类。"加害"的形式多种多样，欺骗、散播疾病、偷窃物品以及最极端的形式——屠杀。

有一则狐狸诓骗人类的故事。清水的纪伊氏是京中有名的陶工。一日，有客登门，自称是对马国大名宗氏[31]在大坂府邸的侍者。明年开春将有朝鲜人来朝晋见，宴席器具多有不足，因此紧急向纪伊订购五百枚碟、碗、盂、盘。纪伊欣然答应，来人付了四十金作为订金，收货后再交付剩余的八百金。于是纪伊召集所有工匠，日夜赶工，终于将餐具如数完成。然而当他把成品送到大坂的宗氏府邸时，对方府上却说从来没有预订过什么餐具。纪伊回想起自己曾经毁了清水坂的狐狸穴，此番定是遭到了老狐的报复，这下只有懊悔的份儿了。据说这就是纪伊流陶艺衰亡的原因。(《夜窗鬼谈》)

还有一则天狗的故事。某日，大原寺的唯莲房一边口念十罗刹[32]一边抄写经书时，忽然出现了一个山中修验者模样的人，想将他拖曳到什么地方去。他拼死抵抗，从砚盒中抽出一把小刀，割伤了那人的手。只见那修验者化作天狗，腾空而起，朝深山中飞去。(《古今著闻集》)

狐美人　葛饰北斋绘

再来说几桩妖怪致使人患病的故事。据说在越后、信浓、秋田等地，生活着一种被称为"镰鼬"的妖怪，远道而来的京城人氏或武士的大腿上会出现镰刀划过的伤口，不过倒也无性命之虞。(《百物语评判》)还有妖怪使人受伤的情况发生。明和年间，五条柳马场有个姓三上的医师，他的侍女深夜看见自己的母亲乘坐火车[33]从门前经过，掀卷的火焰烧伤了她的半个身子。翌日，传来消息说，她远在丹州的母亲于昨夜亡故了。(《小夜时雨》)这两则故事属于身体受到外伤，再来举一例内伤的故事。据说在加贺的槌子坂有种雨夜出没的妖怪，大小如碾磨，形

恙虫　出自《绘本百物语》

状如横槌，在路上滚动时发出雷鸣声响，消失时发出高声大笑。如若有人看了这妖怪一眼，便会沾染毒气，两三日无法痊愈。(《北陆奇谈》)

先前提到的鬼偷盗"玄象"琵琶一事，即为偷窃物品类的"加害"怪谈。妖怪杀害人类的事例见齐明天皇年间，石见国八上山中有名为"恙"的虫，在夜晚潜入民家，窥伺着睡梦中的人，吸食人血使之死亡，某个博士[34]将恙虫封印。因此，后世将平安无事称为"无恙"[35]。(《绘本百物语》《节用集》[36])

鬼杀人的故事尤其多。古时，某人府上的两个武士在耳房值夜时，望见东对屋的房脊上伸出一块七八尺长的木板。当二人满腹狐疑之际，木板飘然飞来，他们看破这是鬼变出的把戏。木板转而飞入客间，压死了一个正在熟睡中的五位[37]家将后不知所终。(《今昔物语集》)丰后国的彦山脚下有一个农民，他迎娶了邻村的某个女子。婚礼翌日，日上三竿却还不见夫妇起床，起疑的岳父推门发现，女儿正在啃食夫婿的尸体，引起了轩然骚动。(《妖怪奇谈》)自古以来，鬼的本性大多是残忍的。

在上述故事中，妖怪化物出现的目的一目了然，而且一般只在特定的人面前现身。与此相对，也有些妖怪化物出现在人世间仿佛是漫无目的、随心所欲的。对诸如幽灵之类的妖怪化物而言，漫游人间似乎并不需要理由。庆长五年，石田三成[38]兵败身死，岛津[39]的战船在丰后国的守江浦受到重创，沉入苍茫大海。有个中村新右卫门尉随沉船化作海底的藻屑，他的亡灵作祟，袭击往来船只。宽永年间，有一女子被他的执念附身而发狂。（《狗张子》）由此观之，亡灵的执念似乎不分作祟的对象，正所谓"江户之仇报在长崎"[40]。享保年间，大坂的三河屋乘船去往九州，途中遇到波澜怒涛，风浪中矗立着一尊一丈有余的大坊主。（《小夜时雨》）相传近江国甲贺郡有种叫"片轮车"的妖怪，在夜色下的道路驶过。有人从窗户的缝隙向外窥探，她看见一架被火焰覆满的车，车内乘坐着一名女子。但当她回过神来，家中的孩子已经不见了，她悲恸地啜泣道："我犯下了深重的罪过，车不见了踪迹，孩子也不见了踪迹。"[41]当夜，有个女子的声音说道："既然是个温柔的母亲，就把孩子还给她吧。"于是把孩子从窗户扔了回去。（《百鬼夜行》）此外，诸如某人看见一个以狐为妻的男子（《怪谈见闻实记》）、僧人目睹百鬼夜行（《宇治拾遗物语》），都属于妖怪在人间的散漫行迹。

还有一种妖怪化物出现的原因是被强制现身，即是说妖怪即使不情愿也必须现身的情形。典型的例子是幽

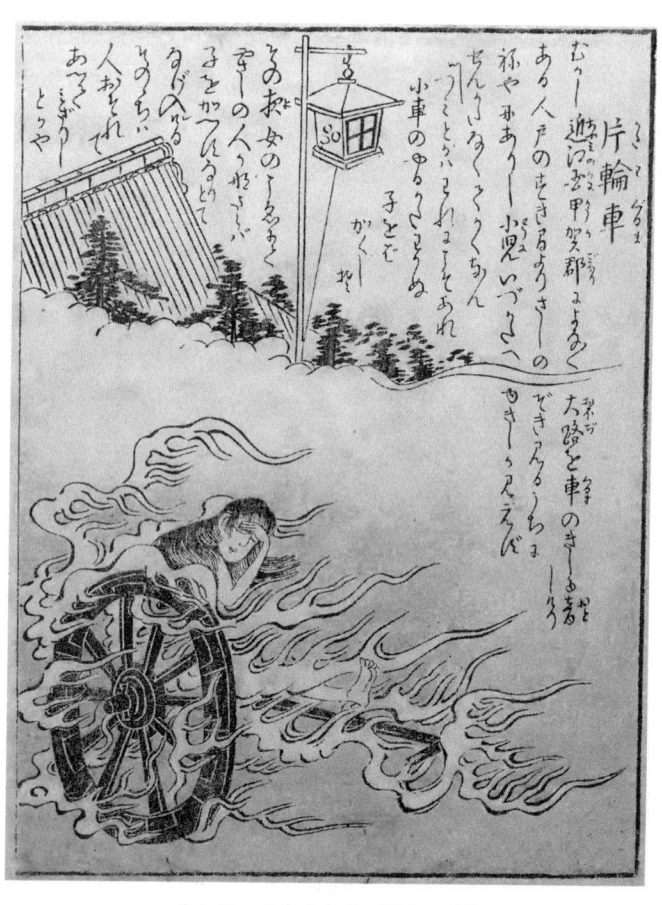

片轮车　出自《今昔画图续百鬼》

灵，当人类做了某些使幽灵感到万分为难的事情，它们就不得不立即现身了。

比如对幽灵使用返魂香。汉武帝为求见早逝的李夫人一面，焚返魂香使佳人身影翩然归来。返魂香是由东海祖州或西海聚窟州的返魂树煮取的汁水炼制的。日本亦有对返魂香的记述，据说光仁天皇治世之时，纪是广在尾张国的阿和手森林点燃迷香，与早逝的爱子重逢；仍是在这一时期，一个叫恩雄的人通过返魂香与亡妻藤姬相会。

另一种方法是用音乐招灵。近江国的沼田有一个叫小右卫门的村长，暴戾恣睢，无恶不作，最终被枭首示众。然而，他的怨念却未消散。每逢雨夜，他的墓中就会飞出两团磷火，浮游至沼田神社的鸟居前止住半晌，后不知飘往何处。恰巧这时有个戏班来沼田演出，又是一个雨落无声的夜晚，一众优伶眼见果有火球飘浮而出，便吹奏起演剧中用来呼唤幽灵的笛子，小右卫门的冥火朝吹笛人而来，约莫有五六间[42]的距离时，从火中悄然踱来一个惨白瘦削的男子。众人大惊失色，止住笛声，紧闭门户，改弹三味线才确保无"恙"。(《御伽厚化妆》)《深窗奇谈》[43]中收录了这么一桩逸闻，骏河国的宗像三平仪景精通音律，千百种妖怪化物会慕名来倾听他的演奏。看来连鬼神也不免倾心于美妙的音乐。

妖怪化物生成、出现的原因已经概如上述，当然，若是有兼备两种或多种原因的情况出现，也并非无法理解的事情。

注　释

1. 《大和怪异记》，宝永五年（1708）刊行的怪谈集，作者不详。
2. 亦见《平家物语》，宗盛依仗权势强夺此马并改名为仲纲，以示羞辱。赖政、仲纲父子密谋起兵讨伐平家却兵败丧命，世人视之为鵺的复仇。
3. 《独异志》，唐李冗著，多载神话逸事，杂录古事琐闻。
4. 大坂城为丰臣秀吉于1583年所筑，故有此说。
5. 引文据北京编译社译本《今昔物语集》卷二十七第二十二篇。
6. 小野小町，生卒年不详，平安朝前期的女流歌人，六歌仙、三十六歌仙之一，以恋歌著称，《古今和歌集》等敕撰集收录其和歌62首。相传为绝代美人。
7. 上杉宪政（1523—1579），战国时代的武将，被北条氏康挫败后将上杉家家督与关东管领职位让与养子上杉谦信。
8. 《隅田川》，能乐剧目，观世十郎元雅作，叙述疯女从京都来到隅田川寻找被拐走的爱子梅若丸，最终与儿子的亡灵相遇的悲剧故事。
9. 《雨月物语》，安永五年（1776）刊行的读本文学代表作，上田秋成著，以流丽的和汉混杂文写成，收入九篇根据中国小说与日本古典翻案、改编的志怪小说。

10. 阿累，江户怪谈的主人公，下总国羽生村的农妇，因相貌丑陋、嫉妒心强被丈夫杀害，死后作祟一族人。其事被改编为歌舞伎《色彩间刈豆》。

11. 盂兰盆，梵语的音译词，在七月十三至十五日举行的供养先祖亡灵的佛事。

12. 菅原道真（845—903），平安朝初期的学者、政治家。受宇多、醍醐两位天皇重用，官拜右大臣。901年因藤原时平的谗言左迁太宰权帅，殁于配所九州。死后被尊为学问之神、天满天神，广受信仰。编纂《类聚国史》。

13. 藤原时平（871—909），平安朝初期的廷臣，官拜左大臣。将菅原道真排挤至太宰府，巩固了藤原家的地位。

14. 《北野天神缘起绘卷》，13世纪的绘卷，描绘了祭祀菅原道真的北野天满宫创始缘起。

15. 道成寺传说又见《今昔物语集》卷十四第三篇。少女的角色变成孀居的寡妇，安珍也变成一老一少两僧人。在得知年轻僧人逃走后，孀妇在家中抑郁而死，从寝室钻出一条五寻长的大蛇。因此，该异文不属于"生灵"复仇，而是动物形象的"幽灵"。

16. 人形净琉璃，日本传统的木偶剧。净琉璃是诞生于室町后期的配乐说唱故事，江户时期加入三味线伴奏，与木偶剧相结合形成人形净琉璃的戏剧形式。著名的剧作家有近松门左卫门。

17. 盐谷判官，《假名手本忠臣藏》的角色，原型是将军府上砍伤吉良上野介、后被迫切腹自杀的赤穗藩主浅野长矩。

18. 师直，即高师直，《假名手本忠臣藏》的角色，原型是吉良上野介，因侮辱担任敕使接待官的浅野长矩，被其砍伤后免职。次年，被大石良雄等为主君报仇的四十七赤穗义士袭击杀死。
19. 铁浆染牙原是古时日本贵族妇女间的习俗，平安朝后期男性公卿、武士、稚童也会染黑牙齿，江户时代后成为已婚妇女的标志。
20. 过去账，又称鬼簿、冥账，寺院记录檀家、信徒中死者的俗名、法名、死亡日期的名簿。
21. 落语，日本传统曲艺形式，产生于江户时代，用滑稽幽默的语言配以身形动作，末了以诙谐的结尾逗观众发笑。
22. 即觉性入道亲王（1129—1169），平安朝后期的僧人、歌人，鸟羽天皇之子，出家后成为真言宗仁和寺第五代住持。
23. 《安政风闻集》，安政四年（1857）刊行的见闻集，金屯道人著，记述安政时期日本发生的自然灾害以及灾年下的奇谈悲话。
24. 即安政大地震，安政年间日本各地地震频发，尤其指安政二年（1855）江户城及其周边地区发生的大地震，死者达一万余人。
25. 镰仓公方，又称关东公方、镰仓御所，是室町幕府设置统辖关东十国的机构镰仓府的首领。由足利尊氏次子基氏的子孙世袭。
26. 足利持氏（1398—1439），室町时代的武将，第四代镰仓公方，与将军义教对立，1438年讨伐关东管领上杉宪实却被幕府军击败，在永安寺自杀。
27. 都良香（834—879），平安朝前期的汉学者、汉诗诗人，参与编撰《文德实录》，著有《都氏文集》。
28. 《十训抄》，镰仓时代中期的故事集，共三卷，编者有菅原为长、二階左卫门等说。收录二百八十余则道德教训故事。

29. 大纳言，律令制下仅次于左右大臣，相当于太政官次官的职位。
30. 川中岛合战，战国时代末期的1553至1564年间，甲斐的武田信玄与越后的上杉谦信在川中岛交战五次，未分胜负。
31. 宗氏，镰仓时代至江户末期的对马国大名，从事与朝鲜半岛的贸易活动。
32. 即十罗刹女，《法华经》所述的十名鬼女，传说其誓同鬼子母神一起守护持有《法华经》之人。
33. 火车，佛教传说中运送生前犯下恶行者去往地狱的火焰车。
34. 博士，律令制下在诸官司担任教学的官职，如大学寮设明经、明法、纪传等博士，阴阳寮设阴阳、历法、天文等博士。
35. 《易传》："上古之时，草居露宿。恙，啮虫也，善食人心，俗悉患之，故相劳云'无恙'。"
36. 《节用集》，室町时代中期刊行的日语辞典，编者不详，按照伊吕波歌顺序排列，增改沿用至明治时代。
37. 五位，日本律令制下官阶第五位，分为正五位和从五位。五位以上的位阶须由天皇授予，待遇远比六位以下优厚。
38. 石田三成（1560—1600），安土桃山时代的武将，世称治部少辅。受丰臣秀吉赏识，为丰臣氏五奉行之一。秀吉死后，拥立遗子秀赖与德川家康对立，关原之战失败后被斩首于京都。
39. 岛津氏，镰仓时代至江户时代统治南九州的有力大名。在关原之战时属于石田三成的西军。
40. 江户之仇报在长崎，日本谚语，指在意想不到的地方或以意想不到的方式报了仇。长崎在九州之西，江户在关东平原，两地相隔极远，故有此说。

41. 女子的哭诉原文是和歌形式。菊冈沾凉的《诸国里人谈》收录了同一怪谈并指出片轮车盗走孩子是为告诫女子"比起偷看我，不如看好孩子"。
42. 间，日本旧时的长度单位，1间等于6尺，约1.818米。
43. 《深窗奇谈》，享和二年（1802）刊行的怪谈读本，十返舍一九著。

第四章　妖怪化物出现的时期、场所与景物

妖怪化物出现的时期与场所大体依其种类而定。首先来说出现时期。

有些妖怪只在一年中的特定时期出现，譬如雪女出没于落雪的冬夜，花精出现在鲜花盛放的春日。幽灵多在盂兰盆会时出现，因为人们自古就认为这一天是亡者归来之日。

百鬼夜行的说法自古就流行于日本，据说上百种妖怪化物会在这一夜结队游行。百鬼夜行之日为正月、二月的子日，三月、四月的午日，五月、六月的巳日，七月、八月的戌日，九月、十月的未日，十一月、十二月的辰日。(《拾芥抄》[1])又有说法称，盛夏的伏日是万鬼出现之日。每当遇到这些时日，人们还是尽可能避免夜间出行为妙。

妖怪化物一般不会出现在生气盎然的时节，除了只在阳春三月出现的花精以外，百花烂漫的春天里几乎看不到什么妖怪。据《拾遗御伽婢子》所述，有一种蛇妖会

随樱花初绽而出现。但这样的例子非常罕见。待到秋冬时节，天地间的景物给人以萧条悲壮之感，这是一年中妖怪化物最为横行跋扈的时期。妖怪化物常见的出没时期还有夏季的日暮时分（《玉帚木》）、中秋（《御伽厚化妆》）、九月中旬（《今昔物语集》）、秋夕（《怪谈登志男》）、霜月[2]二十日（《西播怪谈实记》[3]）、霜月下旬（《太平百物语》）。此外也有发生在正月、五月的妖怪奇谈。

若要细说至具体的时刻，大部分妖怪出现于夜晚。昼阳夜阴，夜是寂灭的象征，作为妖怪化物出现的时段再适合不过了。不过，器物的化物与妖怪往往在白昼现身。前文所述的围棋精、甲斐武田氏的家臣、板垣信形宅邸以山中修验者形象现身的天狗，都是在黎明或昼间出现。

妖怪的活动在夜间的何时较为活跃呢？从夕照日暮时算起，黄昏正刻（八点）（《御伽厚化妆》）、二更（九点至十一点）（《狗张子》）、子时正刻（十二点）（《太平百物语》《御伽厚化妆》），尤其是连草木亦入睡的丑时三刻（凌晨两点）（《太平百物语》《今昔物语集》《怪谈登志男》《怪谈见闻实记》），妖魔横行无忌。过了这极盛的时刻至东方见白为止，妖怪就逐渐偃旗息鼓了。正如曲亭马琴在《化竞丑满钟》[4]中所写：

夜色渐淡，幽灵也随之悄无声息地逃去。

接下来说妖怪出现的场所,然而这其中少有规律可循,似乎妖怪出现时是不择定所的。昔日宫中曾有妖怪出现。据说藤原忠平[5]在紫宸殿[6]上遇见过鬼。(《大镜》[7])寺庙也是鬼怪钟情的场所,尤其是山寺或者建在十字路口或路旁的小佛堂。(《古今著闻集》《拾遗御伽婢子》《玉帚木》《百鬼夜行》《太平百物语》)也有特定出现在某座寺庙的妖怪,妖怪"元兴寺"自室町时代起就住在奈良的元兴寺。相仿的例子还有住宿在古城的妖怪"长壁"。另外,校仓[8]自古以来也是怪异频发的场所。(《今昔物语集》)久无人居住的破败房屋会有各种各样的妖怪、幽灵入住。(《狗张子》)试看《今昔物语集》中武士遇到妻子的幽灵一节:

只见房屋破烂,景物全非,仿佛是早已无人居住。他看罢这幅凄凉景象,心中倍加感伤。[9]

有些妖怪喜欢出现在人的家中。(《狗张子》)居住在厕所里的妖怪被称为"雪隐[10]妖怪"。(《太平百物语》)还有些住在澡堂里的妖怪(《怪谈登志男》),"垢尝"便是长居澡堂的妖怪,以人类的污垢为食。

与这些场所相反,妖怪也会出现在熙攘喧嚣的繁华之处。据说曾有妖怪在饭馆出现,但这样的记载寥寥无

几。(《怪谈见闻实记》)

说完了建筑物，再来说说妖怪常出没的其他舞台。山中多妖异(《拾遗御伽婢子》《太平百物语》)，我们所熟知的"山姥"、"觉"、"山精"[11]、"山地乳"、"山男"都是住在深山穷林里的妖怪。海上的妖怪则有"海坊主""船幽灵"[12]，它们居无定所，可能在海上的任何地方出现。(《绘本百物语》)也有只在固定的海域出现的妖怪，正如前所述，庆长五年时，岛津军惨败于丰后国守江浦，一行人在归乡途中变成海底的亡灵，此后便袭击往来于这片海域的船只。(《狗张子》)湖岸、池畔亦有妖怪出现。(《古今著闻集》《御伽厚化妆》)河川的住民则有著名的河童"岸涯小僧"[13]。"姥火"是怨灵化作的火，只在保津川出现，属于在特定地点出现。在原野、峡谷之类的地方，妖怪化物常出现在松林(《古今著闻集》)、桥畔(《今昔物语集》《行脚怪谈袋》)、树洞(《宇治拾遗物语》)、岩窟(《御伽厚化妆》)等场所。壬生寺附近的"宗源火"、安达原黑冢的"鬼婆"[14]、甲斐国梦山山麓的"白藏主"[15]，都是在特定的

海坊主　出自《小夜时雨》

原野才会出现的知名妖怪。(《百鬼夜行》《绘本百物语》)

宗源火　出自《百鬼夜行》

妖怪出现时往往还伴随着一些特定景物，或是自然现象，或是人为现象，恰如其分地呼应了妖怪出现的时机。譬如霎时间乌云密布的阴沉天色，或者是事物轮廓朦胧难辨的黑夜(《小夜时雨》《古今著闻集》)，或者是拂晓将近时下弦月照遍晨霜的景象(《西播怪谈实记》)。妖怪一般在月相晦暗的时候出现，但也有反例，有的妖怪特意在满月皎皎、流照千里的中秋夜到访(《御伽厚化妆》)。大风亦是常见的景象。秋风萧瑟，草木摇落之时(《行脚怪谈袋》)，抑或是山风猎猎，枝丫鸣响之时(《小夜时雨》《怪丑夜光魂》《御伽厚化妆》)，抑或是风平息了的夕阳西下之时(《古今著闻集》)，都是妖怪出现的好时机。淅沥的蒙蒙细雨、树倒岩崩的暴雨(《小夜时雨》《狗张子》)、轰隆的雷鸣(《今昔物语集》)，无不与妖怪的身影相映衬。此外还有虫鸣、水筧声、远寺钟声依稀可闻(《怪物舆论》《怪谈登志男》《御伽厚化妆》)。《怪物舆论》中有一段著名的文字：

渺远的风声夹杂着几声猕猴的啼唤，已是黄昏了，眼前的隐山逐渐暗淡下去。古木森繁，微雨落在片片叶子上，细细听来都是寂寥之声。

像这样用清丽的修辞连缀成文，巧妙地用作铺垫妖怪出现的背景，正是妖怪故事的一大特征。

注　释

1. 《拾芥抄》，日本中世的类书，成书于镰仓时代中期，由南北朝时期的洞院公贤所著，由其后人洞院实熙增补考订而成。按照岁时、文学、风俗、官位、国郡、吉凶、天文、地理等九十九类编纂。
2. 霜月，日本旧历十一月。
3. 《西播怪谈实记》，宝历四年（1754）刊行的怪谈集，春名忠成著，收录了播磨国诸地的民间故事八十七则。
4. 《化竞丑满钟》，曲亭马琴的净琉璃，宽政十二年（1800）刊行，讲述妖怪王国的白狐之介与辘轳姬许下婚约，但双方的传家宝白狐之玉、文福茶壶被貉与獭偷走，引发两家误会内斗，最终在忠臣狸、青鹭、雪女、山男等妖怪的帮助下识破山水天狗阴谋的喜剧故事。
5. 藤原忠平（880—949），平安朝中期的廷臣，谥号贞信公，继兄时平之后任摄政、关白。参与撰修完成《延喜式》。

6. 紫宸殿，平安京皇宫正殿，原为商议政务的处所，太极殿烧毁后，也在此举行新年朝贺、即位仪式等。

7. 《大镜》，平安朝后期的历史故事集，作者不详。以大宅世继、夏山繁树二老人讲述古事为主线，间或穿插年轻武士的评论，以纪传体讲述从文德天皇至后一条天皇共十四代长达176年的历史。是《大镜》《今镜》《水镜》《增镜》等"四镜"的第一部。

8. 校仓，指将木材呈井栏状叠摞作墙的仓库。

9. 引文据北京编译社译本《今昔物语集》卷二十七第二十四篇。

10. 雪隐，日文中便所的古称。

11. 山精，江户时代的百科全书《和汉三才图会》记载的中国妖怪，出现于安国县（今河北省安国市）。此妖只有一条腿，脚跟前后长反，喜欢偷走山民的盐，以螃蟹和青蛙为食。

12. 船幽灵，海上的幽灵或怨灵，会用巨大的长柄舀子舀水淹没过路船只，躲避它的方法是向海里扔饭团或准备好一柄没底的舀子。

13. 岸涯小僧，出自鸟山石燕的《今昔百鬼拾遗》，全身长毛、牙齿成锯齿状的河童妖怪。

14. 安达原鬼婆的传说发生在奈良时代，僧人东光坊祐庆旅经安达原，到一家岩屋乞求留宿。岩屋的主人是一个独自生活的老婆婆，她热情招待了祐庆。她外出砍柴时嘱咐不能看里面的房间，但祐庆按捺不住好奇，于是看到里屋堆积如山的白骨。祐庆才知晓这就是传闻中啖食过路人血肉的鬼婆，他立刻逃走，但发觉的鬼婆紧追而来。危难关头，祐庆拿出包袱中的如意轮观世音菩萨像，拼命念诵经文。菩萨像飞到空中，拉开破魔的白真弓，射出金刚矢，杀死了鬼婆。后来，祐庆在阿武隈川旁埋葬了鬼婆，那座坟冢被世人称为黑冢。

15. 白藏主，妖狐所化的法师、稻荷神。以和泉国少林寺的白藏主逸话最为著名。永德元年（1381），少林寺的僧人白藏主在竹林遇到一只三条腿的狐狸，带回家中分外爱护，狐狸遂为他预告吉凶。白藏主有个喜欢打猎的外甥，狐狸就变成白藏主的模样，告诫他慎杀生，但被识破假象的外甥用老鼠天妇罗诱捕。据说狐狸的子孙亦只有三条腿，至今住在少林寺中。

第五章　阴火与声响

每当妖怪化物现身之际，必有异象随之而来。在鬼或人类幽灵担任主角的怪谈中，肉眼可见的阴火与奇异的声响这两种现象尤其多见。

《古今著闻集》等著作中记载了大量的鬼怪故事，有一桩说的是右近阵[1]的下野长用，从宫中的殷富门眺望武德殿方向时看见了鬼火。原文为：

> 他望见了百余团火光，久久不曾散去。

狐狸的把戏变出的阴火则称为"狐火"。(《绘本百物语》)

进入近世以后，阴火的出场愈发频繁起来。随人类幽灵而出现的"心火"即是极好的例证。关于心火的桥段在这一时期的小说间大为流行：人被杀死后，必将从身体中浮现心火，飞入杀人者的怀中。只有在心火燃起之后，被害者的幻影才会出现，小说大多遵循这一顺序。(《鼠

渊仇讨》、《逢州执着谭》[2]、《稻妻表纸》[3]）

然而，在关于幽灵的纪实文学或传闻辑录之类的书里却鲜见阴火的踪迹，唯有江户时代的作品提及过一两次罢了。《太平百物语》中有这么一个故事。话说越中国富山有个人名叫源八，做的是巡游诸国卖药的行当。一日，他走到大和国的暗山隘时，眼瞧得日薄西山了。他颇有些忐忑地在山道上行进，不意打照面飘来一团大小如鞠的磷火。源八吓得整个人蜷缩成一团儿，可那火球围绕着他飘浮。不一会儿，火球分作两半，逐渐黯淡，从中传来女子的啜泣声，一个女子的身姿渐渐浮现成形。这时又飘来两团磷火，同样是各自分裂，并化作两个男子，为了争抢这女子而刀兵相向。最终两人互相刺中对方，双双倒伏在女子的身上。这就是幽灵从心火中出现的故事。此外还有前文提及的智闲的传说，据说这为情所困的痴情儿曾看见一个身负刑枷、色如焦炭的人在熊熊烈火中挣扎受难。尽管此处的火中不曾走出幽灵，但火确是作为包裹身体之物而存在。

阴火亦会随生灵出现，譬如先前提及的《拾遗御伽婢子》中的故事。越后国蒲原的农民宇平次的女儿倾慕沼垂的进之丞的美貌。某日，进之丞读几卷闲书消遣时，庭院的浓荫里冒出一盏灯笼般的青火，他还没来得及惊讶这不可思议的光景，火的阴影中便出现了一位女子。《行脚怪谈袋》亦有记载，相传芭蕉[4]有一次在秋夕时分偶经筑前国的小佐川河畔，从溪谷中飘来一团青色的球形火，起伏飘忽不定，水泽边也燃起了阴火，一个异样的人影在其中朦胧可见。大抵都是这样的故事。

我们需注意的是，最初的阴火总是与幽灵一同出现，正如"心火"一名所示，阴火是与幽灵具有相同性质之物。幽灵与阴火一同登场时，必是从后者的火光中慢慢浮现出身姿。然而在后世的小说中，阴火逐渐与幽灵相分离，甚至沦为幽灵的附庸。

说到声响，传说鬼出现时人声噤绝，仿若两万匹马嘶鸣奔踏之声从远方传来。（《古今著闻集》）

狐狸绮谭也常与声响有关。某个僧人从赞州的丸龟出发，前往三井，千代池的堤坝是途中必经之路。当他过堤时，听见震耳欲聋的马嘶与蹄声，那声音仿佛正朝自己奔来，愈来愈近。僧人寻思除了这条堤坝也别无其他路可走了，就暂且下了堤，候在池畔。他刚走下来，便从堤上传来了轰然声响，最后那声音竟从上下四方同时传来，直至天亮才平息。据说这是住在附近的古狐所为。（《太平百物语》）

末了顺带一提，妖怪化物的出现会带来什么样的变化呢？自古以来对此记载寥寥无几。据说鬼独自出现的时候，地面上会留下赤色与青色交织的蹄印。（《古今著闻集》)还有一种叫作"钱神"的妖怪,在黄昏时化作一缕薄云无声地从村人家中穿过,谁若是举刀斩断它,就会有大量的金银撒落。这样的妖怪可谓极其罕见。(《百物语评判》)

注　释

1. 右近阵,平安京皇宫内由右近卫府的武官守护的卫所,设在紫宸殿以西、月华门内。
2. 《逢州执着谭》,文化九年(1812)刊行的读本小说,柳亭种彦著,兰斋北嵩绘。
3. 《稻妻表纸》,文化三年(1806)刊行的读本长篇小说,山东京传著,歌川丰国绘。
4. 松尾芭蕉(1644—1694),江户时代前期的俳人,名宗房,别号桃青、坐兴庵、栩栩堂。初在京都师从北村季吟,后移居江户深川的芭蕉庵,确立闲寂、轻妙、讲求余味的芭蕉俳风。著有俳句集《俳谐七部集》、纪行文学《奥之细道》等。

第六章　妖怪化物的形象与语言

关于妖怪的外形，想必读者已经通过前文有了几分了解。本章将围绕妖怪的外形展开更加详尽的论述。

根据妖怪与化物的变化法，可以粗略将其外形做如下分类：

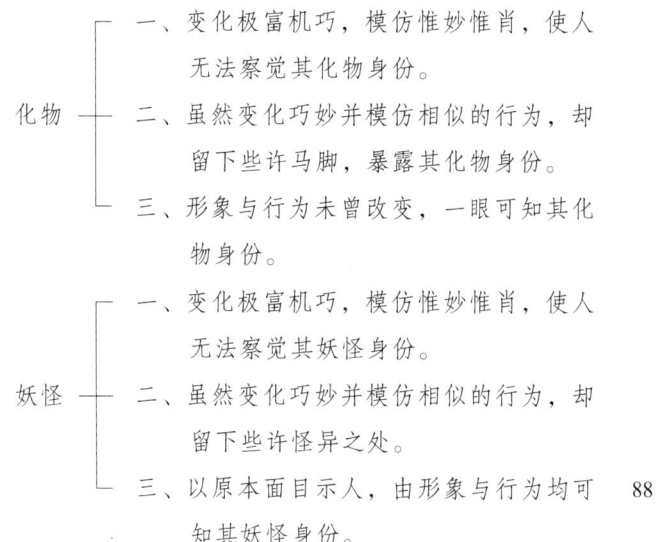

化物
- 一、变化极富机巧，模仿惟妙惟肖，使人无法察觉其化物身份。
- 二、虽然变化巧妙并模仿相似的行为，却留下些许马脚，暴露其化物身份。
- 三、形象与行为未曾改变，一眼可知其化物身份。

妖怪
- 一、变化极富机巧，模仿惟妙惟肖，使人无法察觉其妖怪身份。
- 二、虽然变化巧妙并模仿相似的行为，却留下些许怪异之处。
- 三、以原本面目示人，由形象与行为均可知其妖怪身份。

上述分类的判断依据是变化法的巧拙。

如果要举些实例的话，前几章提及的许多例子都属于第一种化物，譬如人的生灵化作美人，狗的魂灵变作侍女，松树变为童子，它们凭借高超的变形术以假乱真，瞒过人类的耳目。

第二种化物的数量也相当多，《狗张子》中对天狗化身的法师做如是描绘：

> 尽管世人都不再记得了。那人的目光凶狠，肤色黧黑，身长一丈有余，青筋条条暴突，连骨头都露在外面……

先前曾说到水精化作身高仅三尺的老翁，也是在身高上露出破绽，引来人们的怀疑。乌龟的魂灵虽乔装成人形，身着的却是饰以细密龟甲花纹的衣裳；围棋子分玄白二色，所变的人形也是一白一黑。这种富于讽刺效果的变形着实令人难辨真伪。《实物语》中的鹤龟精也分别变成一个头顶鹤的人和一个头顶龟的人，但故事鲜明的童话色彩使我们轻易地察觉到二人的真实身份。

第三种化物则不在外形和行动上加以掩饰，譬如人死后骸骨作祟、鳖精转世为人后吸食生母的血，《拾遗御伽婢子》也记有狐狸戴着人的骸骨出现的故事。其中以妖怪的形象示人者尤其多。

狭义的妖怪本身就是历经卓诡变幻的产物，极少有再次变化成其他事物的情况。在前文提及的河童变作少年的怪谈中，尽管河童的变化堪称巧妙，却还是在手脚上留下一簇黑毛，所以当属于上述分类中的第二种妖怪。不过，狭义的妖怪绝大多数都不屑于伪装，而是以原来的面目在世间出现，在这一点上，妖怪与化物相比可谓是愚鲁耿直之辈了。"片轮车"也好，"三目小僧""见越入道"也罢；均是如此。

妖怪与化物变化莫测，不过既然能够变化，也就相应存在变化之前的本来面目。

下面让我们探讨妖怪化物的形态，大致能够分为单一形象与复合形象两大类（参照第二章末的妖怪化物分类表）。

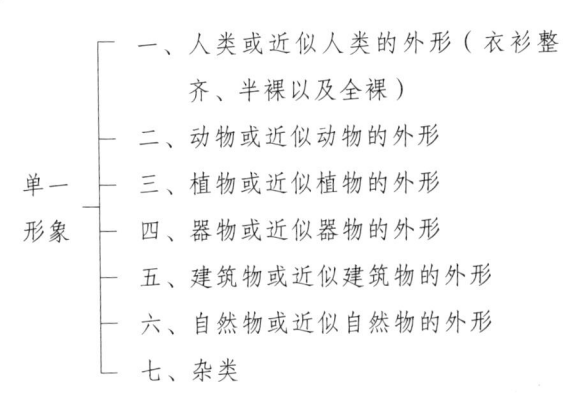

单一形象
- 一、人类或近似人类的外形（衣衫整齐、半裸以及全裸）
- 二、动物或近似动物的外形
- 三、植物或近似植物的外形
- 四、器物或近似器物的外形
- 五、建筑物或近似建筑物的外形
- 六、自然物或近似自然物的外形
- 七、杂类

所谓的复合形象即是以上七种单一形象之间的两种或两种以上形象的结合，理论上又可以做出如下分类：

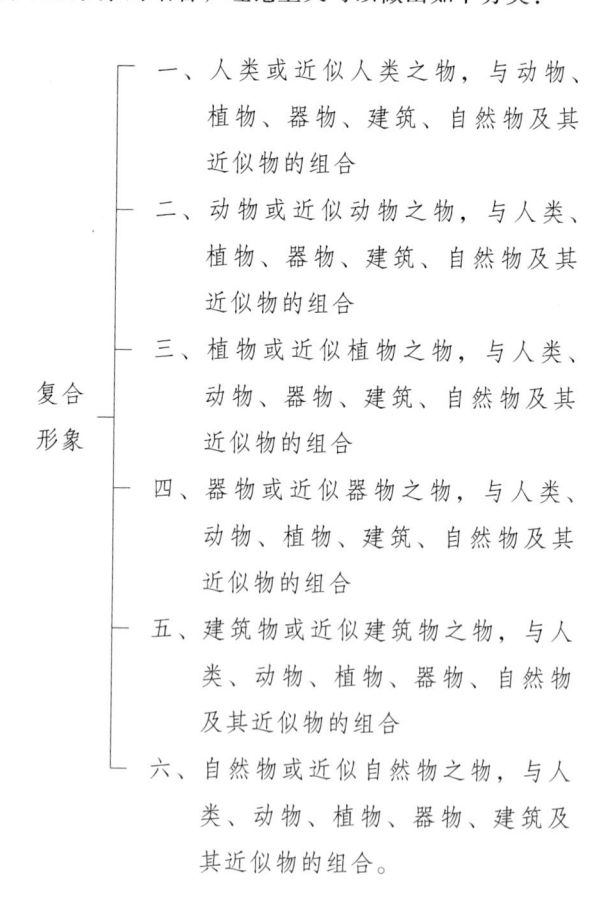

复合形象
- 一、人类或近似人类之物，与动物、植物、器物、建筑、自然物及其近似物的组合
- 二、动物或近似动物之物，与人类、植物、器物、建筑、自然物及其近似物的组合
- 三、植物或近似植物之物，与人类、动物、器物、建筑、自然物及其近似物的组合
- 四、器物或近似器物之物，与人类、动物、植物、建筑、自然物及其近似物的组合
- 五、建筑物或近似建筑物之物，与人类、动物、植物、器物、自然物及其近似物的组合
- 六、自然物或近似自然物之物，与人类、动物、植物、器物、建筑及其近似物的组合。

当妖怪化物以人类、动物、植物与器物四种形象出现时，有时会具备下述特征：

① 欠缺身体的某一部分
② 如影子般出现
③ 化为火焰后现身
④ 没有形体

接下来，让我们开始对以上各种类进行说明吧。

○ 单一形象

一、说到与人类的容貌完全一致或者极其相似的妖怪，江户时代中期以前的"人的幽灵"均属于此类，他们是人在死后以生前样貌而出现的形象。例如《宇治拾遗物语》中的源融的幽灵：

> 来人容貌甚伟，身着朝服，腰佩太刀，双手执笏，恭敬地候在二间以外的地方。

《北野天神缘起》其中一幅描绘了菅原道真的幽灵夏夜叩响延历寺的山门，拜访十三世主法性房尊意僧正[1]的

道真的幽灵　出自《北野天神缘起》

情形。画中的道真公峨冠博带，气宇非凡，全然看不出是已经入了冥籍之人。这是日本现存最古老的幽灵画。此处不妨卖个关子，请注意，该绘卷中的道真公的幽灵是有双脚的。

《拾遗御伽婢子》中的《牡丹灯笼》[2]一篇中写道：

> 有一美人年方二十许，风姿绰约，眉眼若芙蓉含笑，体态似杨柳袅娜。跟前还有一个十四五岁的女童提着盏绚丽的牡丹花灯笼。

当时的幽灵丝毫不像后世那么凄怆可怜。狐狸之类精通变化的妖怪也经常扮成美人模样诓骗人类。据《拾遗御伽婢子》所记，一个名叫安达平次的幕臣曾经从白川出发，在翻越大山的途中遇到了一名十七八岁的女子。她所

露出真身的狐狸　出自《狐草纸》

穿的衣裳以春樱为案，花上绣有小鸟交飞，里子是层红梅底衣。这女子正以袖掩面，在荆棘丛中逡巡不知所措。平次不知道女子是狐狸所化，还叫她乘上自己的马来哩。鬼也是善使美人计的行家里手，户隐山的平维茂[3]、金莲寺的大森彦七都中过鬼的伎俩，歌舞伎《归桥》[4]中亦有类似桥段。

妖怪中有不须变化就状似人类的，譬如古时在皇宫中居住的女官妖怪"青女房"[5]、青楼上倚窗探首的"毛娼妓"[6]、月夜行路的"白粉婆"[7]、在海中现身的"海座头"、无声伫立于雪夜之中的"雪女"，都应归入此类。

二、与动物具有相同或近似外形的妖怪。人变作动物的奇闻异事已如前文所述，又有一桩怪谈见于《沙石集》。镰仓某人的女儿痴恋寺中侍奉僧房的童仆，相思成疾，郁郁而终，死后化而为蛇。随后，童仆离奇地发了疯病，终日把自己幽闭在斗室之内。不知何时，人们从屋外听见了他与蛇的谈话声。后来童仆孤独地死去，尸体收

山地乳　出自《绘本百物语》

殓入棺。那条蛇又不知何时潜入棺中，缠绕在童仆的尸身上。

动植物、器物化作其他动物的例子屈指可数，妖怪乔装打扮成动物的例子却不胜枚举。

说到野兽外形的妖怪，"觉"居住在山中，尤其是北国山中，相貌近乎狒狒，相传此妖善于洞察人心。土佐山中有一种状如野兽的妖怪"山地乳"，它会趁人熟睡之际，潜入民居，吸取梦中人呼出的气息，敲打他的胸膛。据说被吸气的人会立即死去，然而，如若有人在近旁目睹了山地乳的行为，那么被吸气的人反而会长命百岁。（《绘本百物语》）"山地乳"在土佐是妇孺皆知的著名妖怪。

除此之外，应归入这一类的还有人面兽身的"魃"[8]（旱神），它仅有一手一足，在世间露面则意味着天下将大旱。又如"兵主部"[9]、"猥裸"[10]、"河童"、"牛鬼"[11]、"赤舌"[12]、"岸涯小僧"、"毛羽毛现"、"鵺"、"魍魎"[13]、"魑魅"[14]、"精螻蛄"[15]、"野衾（飞鼠）"[16]、"山彦"等。（《百鬼夜行》）

毛羽毛现 出自《百鬼夜行拾遗》

鸟形妖怪有伊予国的"婆山"，此妖外形若鸡，夜间它驻足在某户人家门口，发出"婆娑婆娑"的干巴巴的叫声。其名即源于此。（《绘本百物语》）据说年迈的苍鹭在夜间飞行时羽毛会熠熠发光。佛经所记载的"阴摩罗鬼"是新尸的尸气凝聚而成的妖怪，形象如鹤，通体漆黑，目光如炬，鼓动双翅则能够发出人声。（《清尊录》[17]、《太平百物语》）"松明丸"隐居在深山幽谷之中，伫立杉树枝头，鸟身逸散出火光。"以津真天"[18]是《太平记》中被广有降伏的怪鸟。（《百鬼夜行》）

鱼形妖怪有居住在肥前国松浦冲的"矶抚"，每当有航船驶过之时，它就甩动尾巴将人打落海中，饱食一顿。这种妖怪状若鲨鱼，尾巴上长满坚硬如铁的倒刺。（《绘本百物语》）此外还有"人鱼"。

虫形妖怪则有"海蛇"（あやかし），此妖外形如蛇，栖息在海底，出现时海面上会产生大量的油。如若有人试图舀出这油的话，其船只就难逃沉没的下场。此外还有"恙虫"。

三、说到植物或近似植物外形的妖怪，狐狸化作杉树即是一例。古时流传着关于山茶花的精魂、"人面树"之类的妖怪奇谈。（《百鬼夜行》）所谓的"人面树"是指一树的花皆如人脸，虽不能开口说话，但会止不住地发笑。一笑，那花儿便会落下。（《百鬼夜行》）

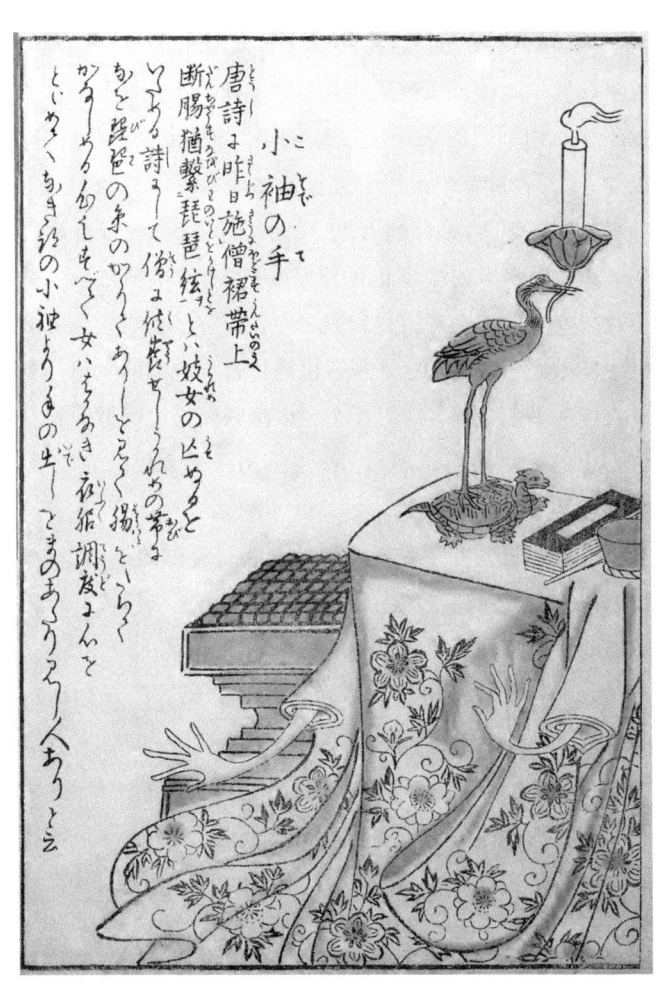

小袖之手　出自《百鬼夜行拾遗》

四、器物或近似器物的妖怪。鬼化作木板或油瓶的故事即属于此类。文福茶壶就是讲述狸猫化作烧开茶水后取不尽、用不竭的茶壶，向人类报恩的故事。《百鬼夜行绘卷》《付丧神》中记述了大量器物变成人类的怪谈，譬如前述的净琉璃后台的人偶、"面厉气"等。"吉备津之釜"[19]发出鸣声的故事也可谓家喻户晓。"小袖之手"是指亡故女子的魂魄寄宿在和服之中，衣裳就会成妖，从袖口中伸出人手来。甚至连砚台也当过奇异故事的主角，有一人读《平家物语》时打了个盹，睡眼惺忪之间似乎看见砚台中的墨水翻涌如潮，上演了一出源平合战的好戏[20]。（《百鬼夜行》）

五、建筑物并不受妖怪们的青睐，流传的事例极少，仅见狸猫变成建仁寺的寺门、狐狸变幻出土御门殿、蛤蜊造出的海市蜃楼等例。

六、自然物中最著名者莫过于"赤鱏"以身为岛屿的故事，此外"山彦"的回声、"日和坊"[21]的晴天、"雷神"的落雷也都属于此类。

赤鱏的故事尤其有趣。话说安房国的野岛崎有名叫又六、佐吉的两个渔夫。一日，海上风浪大作，他俩与其余二十一人流落到一座孤岛。岛上不见人烟，从未见过的奇异草木在岩石上茂盛生长，树梢还挂着些许藻屑。岩隙之下布满孔穴，水流迸涌，游鱼在水中穿梭无碍。众人

第六章 妖怪化物的形象与语言 113

蛤蜊造出的海市蜃楼 出自《百鬼夜行拾遗》

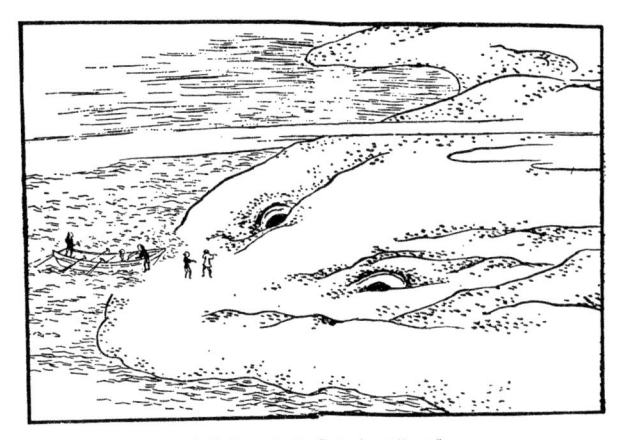

赤鱏岛 出自《绘本百物语》

野篦坊　出自《百鬼夜行》

走了二三里，却始终是相同的景色，岛上的水皆是海水。一筹莫展的渔夫们只好强行出海返航，船才驶出两三町远，那座岛屿倏地沉入了海中。这就是赤鱬之岛。(《绘本百物语》)

七、杂类。这一类妖怪的外形千奇百怪，难以描述，譬如蒟蒻变成的妖怪"野篦坊"。(《百鬼夜行》)还有一种名叫"千千古"的妖怪，体形圆得像皮球，忽而飞上青天，忽而落至地面，东奔西飞，发出奇怪的叫声。据说曾有人在城墙下见过这种妖怪。[22](《太平百物语》)

以上即为保持单一形象出现的妖怪。

○ 复合形象

上述七种类型的妖怪进行组合即产生复合形象的妖怪，大致分类已如前表所示，但我不敢妄言此表能够涵盖所有妖怪。

一、以人为主的复合形象又分几种。人与人的组合。"产女"又名"姑获鸟""夜行游女"，这种妖怪是难产而死的妇女所变，经常以抱着孩子的女人形象出现，不过中国人认为它是一种怪鸟。[23]源赖光[24]手下四天王之一平季武听说产女出现在美浓国，便为了一试胆量而专程前往。待他来到某个渡口时，终于遇到了传闻中抱着婴孩的女子。季武按捺住恐惧，一把夺过女子怀中的婴儿，扬长而去，只听见背后不断传来"还给我"的嘶喊声。但不知何时，那孩子已经变成了一捧树叶。(《今昔物语集》)据说此女的半身都被鲜血染浸。还有一种名为"柳女"的妖怪，用杨柳枝缠抱住早夭的婴孩，幽怨地伫立在柳树下。(《绘本百物语》)人与动物的组合则请看下面这个故事。昔日，有一乳母哄孩子入睡，眼见有十几个身长五寸、穿着五位朝服的人骑马从枕畔络绎而过。乳母心里害怕，抓起一把米撒过去，那些人顿时没了踪迹。天亮后只见每粒米上都沾着血迹。(《今昔物语集》)土佐国的锻冶助四郎国延的子孙中有个叫重国的人，他的妻子被闯进屋内的狼咬死了，妻子的怨灵附身在狼身上，吞食过路的行人。据说怨灵会骑在狼身上，两三匹狼一起出没，直到一个叫逸作的乡间武士将白狼诛杀之后，怨灵才不复出现。这一怨灵被人称为"锻冶媪"。(《绘本百物语》)人与植物的复合形象有"柳婆"。人与器物的复合形象有"胧车"，据说它在夜深人静时驶过街道，车中坐着个面目可怖的巨人。(《百鬼夜行》)另有"片轮车"，形象是一个妙龄女子坐在被火焰挟卷的牛车中疾驰而过。"轮入道"则是在

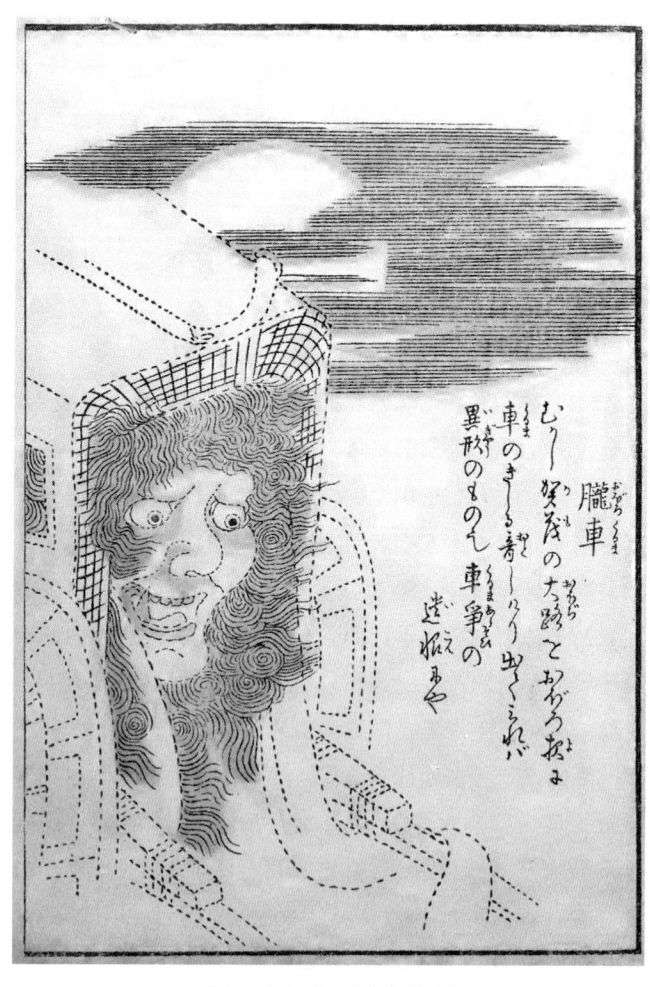

胧车　出自《百鬼夜行拾遗》

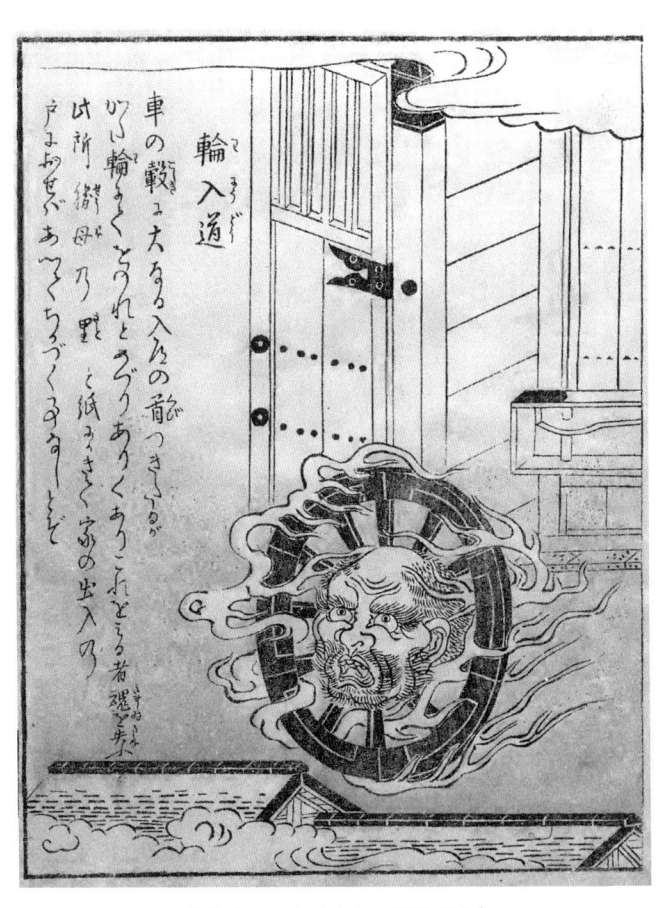

第六章 妖怪化物的形象与语言 117

轮入道 出自《今昔画图续百鬼》

车轴中心长了一张络腮胡男人的脸，这种妖怪同时具备下文将会说到的"欠缺身体某一部分"的特征。此外，还有许多人形妖怪偏爱拄杖或者双手持笏。人与建筑物相结合的类型可见前述的禁中侍卫与土御门殿、美人与金殿玉楼的幻象，这些通常是狐狸、蛇、花精变出的把戏。

二、以动物为主的复合形象出现的妖怪化物可谓少之又少。神代传说中的"八岐大蛇"是动物与植物的复合体，这条多头巨蛇的眼睛是赤红色的灯笼果，背部长有松树和橡树。适才说的"松明丸"虽是鸟身，爪子却是两根松木火把，即为动物与器物的复合形象。动物、植物与建筑物三者复合的形象还有一例，太秦的广隆寺流传着一个传说，在不知几多朝代以前，大枫树林中有一棵参天桂树，异香芬芳馥郁，树中的窟窿里筑有祇园精舍，散发着璀璨光辉，里面还传来蜜蜂的奇声。圣德太子朝空洞里窥视，一千二百尊大阿罗汉正在讲授法华、胜鬘、维摩诸经。真是有趣的吉兆。（《广隆寺由来记》）

三、以植物为中心的复合型妖怪较之动物要多得多。著名的《竹取物语》讲述了从植物中出生之人的故事。赞岐国有一名叫造麻吕的老翁，此人在山野间伐竹维生。他偶然看见一根发光的竹子，砍断后从中生出一名女婴，老翁为其取名为辉夜姬（かぐや姫）。后来，月宫派人将她迎回天上去了。（《今昔物语集》《竹取物语》）推古年间，朝廷修建元兴寺时砍伐了一棵大榉树，离奇的是伐木之人接连丢了性命。断木的上空传来人声，说："尔等须张挂苎麻连绳为界，命中臣氏宣读大祓词[25]，方可消弭灾厄。"众人照做之后，从被砍断的残木枝头飞出五六只山雉。（《今昔物语集》）此为植物与动物共同出现的异象。还有关于植物与自然物的怪谈，宫城县平矶神社前有两棵古杉，树围约有三丈。其中一棵的树干分叉成两截，一块石头嵌插在分叉处。据说鹿岛香取神[26]曾经在海上遭遇暴风，他欲砍伐杉树作为船桅，但杉树的切口处血潮迸涌。他又取来附近的巨石安置在断面上，血才得以止住。（《日本传说集》[27]）

四、以器物为中心的复合型妖怪也很少见。民间传说，"贝儿"是生活在采贝人的贝桶里的稚童模样的妖怪；无独有偶，"袋貉"即为住在袋子里的貉妖怪。（《百鬼夜行》）下总国香取郡神崎地区的传说称，船夫在运送钟渡河时必须将钟放入箱中，以粗草席覆盖。从前有个船夫偏偏不循此法，以至于随船一同葬身河底。在他死后，船夫们都不敢从这里渡河，因为但凡有船只经过，沉没的大钟就会与岸上的参天古木一齐放歌。（《日本传说集》）

五、建筑物与其他事物的复合型妖怪中大多以与人类复合为主，故而已在"人类为中心的复合形象"一节中备述。那么，我们再来说一两桩不以人类为主的传说吧。

相传太田道灌[28]修筑江户城之时，有一口井挖了百丈之深也不见有地下水流出。这时，埋头刨土的掘井人听见地底似有鸡鸣声传来，他又挖了四五尺，一座石门赫然出现在眼前。他深感不可思议，朝内走了一里远，来到一座金殿玉楼前。这座宫殿依山而建，琉璃为瓦，玛瑙作柱，真可谓"镂金饰玉"。庭中树木色如碧竹、叶如芭蕉，一片盛绽的紫花硕大如车轮，翩飞的五色蝴蝶扇动着如团扇般的翅翼。此人是在大仙玉真君的诏敕下才有幸游览仙境，当他返回人间时，地上已过百年。(《拾遗御伽婢子》)这一故事的主人公所见的不是人间的寻常楼宇。狐狸和狸猫等动物或花精变幻出的建筑物中时而也有令人惊叹的高堂大厦。

六、以自然物为中心的复合型妖怪的类型多如前述，人、动物的生灵、死灵制造出风、云、雷、雨等自然现象，加上山水、树木、岩石之类的景物，最后以人、动物、建筑、器物点缀这幅恢宏壮阔的图景。一则古老的传说称，陆中国的岩手山之神娶姬神山为妻，自不待言，鸟兽草木、山川风物都受神明的支配。(《日本传说集》)菅公化作雷电劈落清凉殿的传说暗示着来自自然界力量的压迫。最后，让我们用一则"别有洞天"型的故事作为这一小节的结尾。永正年间，近江国滋贺郡的松本有个叫真上阿祇奈的人，他从朝廷的文章生[29]引退之后，晚年与花鸟风月为友。一日，有个头戴乌帽子[30]、身着布衣[31]的人跪在庭前，称愿作为向导带真上游览龙宫。那人扶真上乘上一匹配以金饰马鞍的马，倏地飞身升入虚空，马蹄踏遍渺渺云烟，顷刻就到达龙宫门前。夹道的虾兵蟹将纷纷向他敬礼。他从含仁门而入，步入水晶宫，参见头戴彩云冠、身坐白玉床的龙王。龙王请他为其营造一座新殿。言毕，龙王设酒飨宴，真上与河神、江神、渊神共尽宴酣之乐，妙龄美人奏献舞乐，蟹与龟争唱歌谣。他在席上请求龙王允许他参观宫殿，王欣然同意，令吹云官吹散云雾。天色顿时一片澄明，只见庭院金砂之上玉树成列，树梢开满五色鲜花。在一座玻璃楼阁的亭台上摆放着云母的镜与太鼓，此即为雷电的根源。旁边是一台风箱，此即为风的根源。再旁边是水瓶，此即为雨的根源。真上在龙宫中看了一圈，最终买下琉璃盘中的两颗珍珠、两匹冰绢后返回人间。(《拾遗御伽婢子》)

以上已经详细论述了妖怪化物的复合形象。接下来谈谈妖怪的诸种形象所具备的一些特征。这四种特征揭示了妖怪化物们迥然不同的独特形态。

一、欠缺身体的某一部分

具备此特征的妖怪以人的幽灵居多。宽元年间，镰仓的小三太、又重、恶五郎在真鹤崎的祭典上发生争执，

舞首　出自《绘本百物语》

恶五郎砍下小三太的首级，追逐又重时一个踉跄跌倒在地，又重趁机扑向他。两人扭打成一团，最终双双割下了对方的人头。这三人的首级变成的妖怪即为"舞首"，它们会在夜半时分的海上继续相争，吹起火焰，掀起激荡的漩涡，因此这附近被人称为涡渊。这一故事见于《绘本百物语》。元禄年间，播州的佐用郡有个笠屋和兵卫，曾目睹某户人家的房檐上卧着一颗巨大的女人头颅。（《西播怪谈实记》）永禄之时，佐佐木氏的家臣平川采女杀死了一只嘴角裂至耳际、赤红舌能喷火的马头妖怪，被砍下的马头朝镜山飞去。《小夜时雨》记载了这桩怪谈。

幽灵是此类妖怪中最为人所知者，我们不妨多费些笔墨。在先前提及的奇闻异事中，古代的幽灵一般仍保持着生前的相貌体态，但是到江户时代之后，幽灵通常以被装殓入棺时的死人模样出现，身覆白衣，头戴一顶写着"シ"[32]或"卍"字的白纸帽子。宽文五年出版的《发心集》[33]、贞享四年出版的《男色大鉴》[34]、元禄十七年出版的《拾遗御伽婢子》以及元禄年间刊行的《御伽话》中描写的幽灵皆属于此类，这些幽灵都有着完好的双腿。然而，时至享保年代后，幽灵的形象变得凄厉可怖，而且它们的双腿逐渐消失了。这一错误始自圆山应举[35]著名的幽灵画，他笔下的幽灵没有腿，这成为后世幽灵形象的定式。十返舍一九[36]同时期的作家们不仅肯定这种趋势，还加入了新的内容，幽灵开始采取弯曲胳膊，垂下手掌的姿势。(《仇讨夜居鹰》)如果生前遭到残酷杀害，幽灵出现时便会浑身鲜血淋漓。后世的幽灵也分为许多种，按照绘画中的幽灵形象可以大致做下述分类：

幽灵　圆山应举绘（玉藏院藏）

① 目、耳、鼻、口都与寻常人别无二致。
② 眼神恐怖，耳朵硕大，嘴角开裂，露出参差不齐的牙，指甲长得令人惊悚。现藏于京都玉藏院

的应举所绘的幽灵、北斋笔下的幽灵以及《四谷怪谈》的阿岩均是此类。

③ 面容憔悴，形同枯槁，仿若骸骨。京都的广冈伊兵卫氏收藏的祇园井特[37]的幽灵绘属于此类。

有脚的幽灵　出自《御伽话》

顺带一提，与后世盛行的无脚幽灵恰恰相反，小说家山东京传在文化五年刊行的《妒汤仇讨话》中将大江判官的小妾媾火[38]死后的怨灵塑造为一个没有上身、仅有双腿的幽灵。这份奇拔脱俗的想象力真让人拍案叫绝。

二、如影子般出现

譬如以"海坊主""大入道"为首的妖怪，以及人的亡灵。

两条腿的幽灵　出自《妒汤仇讨话》

① 宛如落映在拉门窗纸上的黑影。如版画《观音灵验记》所示。

②幽灵的身姿宛如白色蒸汽。如十返舍一九的《薰风物语》的插图所示。

三、化为火焰后现身

譬如丹波保津川的"姥火"、山城西院的"宗源火",以及"提灯火""摇火""蓑火""钓瓶落"等。"姥火"本是住在保津川畔的老妇,她将别人的孩子丢进河中淹死。某年,保津川发大水,老妇淹死在洪流中,她的执念便在世间化作姥火。据说在河内国也有人见过姥火。"宗源火"的来历是一个名叫宗源的僧侣因盗取寺中灯油而受佛罚,其怨念汇聚成一团火焰,时而分成三四团火焰,在空中交飞回旋,时而又聚集合一。(《怪谈见闻实记》)

四、没有形体

顾名思义,有些妖怪化物从不轻易将真身示人。据说村上义清[39]的家臣隅田宫内卿家里住着一只妖怪,谁也看不见它,可它会吃掉和人同等分量的食物。若是主人夫妇偷偷说这只妖怪的坏话,它就会发出声响,故意做些坏事报复。主人请来僧人和山中修验者,在家中作法乞求神佛庇护,谁知这妖怪竟然制造出锯房梁的声响,吓得所有人四散而逃。(《狗张子》)"发切""枕返"也属于此类妖怪。所谓的"发切"是种趁人不备,冷不防将人的头发从发根处剪断的飞行妖怪;"枕返"是待人入睡后,把枕

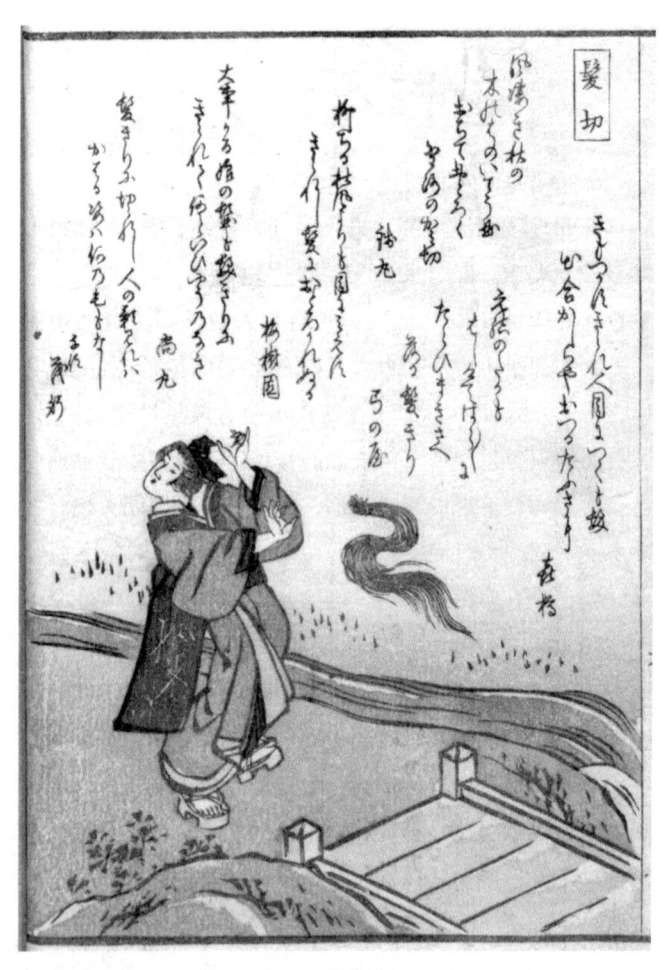

发切　出自《狂歌百物语》

头正反颠倒的妖怪。两者都是看不见、摸不着的。但请不要忘记，隐身不只是本节提到的妖怪的长项，所有的妖怪与化物都能够随心所欲地隐蔽、显现。

最后来说一下妖怪的体型大小。硕大无朋的妖怪，有大到能把山抱在怀里的"大入道"，也有在安房国野岛崎出现的、长达三里的"赤鳞"岛。据说有种叫"手洗鬼"的妖怪双腿跨立在两座山上，俯身在海里洗手。（《绘本百物语》）再来说说小如虫豸的妖怪。元和元年，元兴寺的僧人宥快苦恋少年柳冈孙四郎，可终究是一场虚妄，含恨死去。僧人死时想带上少年一同离开人世，他的妄念化作一条毛虫，潜伏少年家欲施加害，最终在祈祷下成佛离开。（《狗张子》）

大入道　出自《怪谈百鬼图会》

先前提及的"恙虫""吉六虫"亦是肉眼难辨的微小妖怪。还有一桩讲僧人变成纸鱼的逸事。江州的高宫有户商家，商人的儿子身边时常带着一个俊美的少年侍从，名唤三好浅之助，同乡的三形时右卫门对他一见倾心。实际上，浅之助早已与净土宗松严寺的僧人荣山暗中交好，荣山待少年如掌中美玉，宠爱有加。但在这时，荣山误会浅之助移情于时右卫门，在蚀骨的嫉妒驱使之下，荣山在杀死浅之助后用同一把刀自杀。荣山的亡灵化作数万只纸鱼，在时右卫门的家里横冲直撞，大肆破坏。时右卫门请求高僧撰写一篇给纸鱼的训诫文，书毕，数万纸鱼霎时死灭。(《怪丑夜光魂》)这些蠹虫可谓是微小妖怪之最了。

妖怪的常见外形有公卿、武士、庶民、祭司、僧侣等，有时还会同时穿戴不同身份的服饰，灵活多变。然而随着时代变迁，人类社会的风俗不断嬗变，以及根据贫富、阶级的悬殊，同一时期内不同群体间的风俗也相去甚远。颇可玩味的是，妖怪化物界的风俗一直紧密趋从在同时代的人类社会之后，一存俱存，一变俱变。比如《北野天神缘起》中的菅原道真身穿藤原时代[40]的朝服，龙安寺的细川胜元[41]的亡灵身穿室町时代的武将装束出现。江户时代有个叫庆阿弥的画师，死后前去友人家做客，着装相貌与生前一丝不差。那位友人忽然想起其人前些时日已经死去，不禁吓得浑身汗毛倒立。(《御伽空穗猿》)绘马精出场时头顶乌帽子，身着白浆便衣，他所牵马驹也饰以赤色流苏。（《御伽空穗猿》）围棋精则以黑白两禅僧的模样出现。（《玉帚木》）

这些妖怪和化物既然保持着生前的外形，那么就不仅是在服饰上，容貌也应当没有任何改变。然而偶尔也会有妖怪的相貌发生少许微妙的变形。据《太平记》所载，某个禅僧在黄昏暮色里行路，骤雨忽至，他在仁和寺的六本杉下避雨，寻思道今晚须在此佛堂借宿了。他正欲向寺中走去，不经意间望了眼头顶的杉枝，一轮明月高悬，几抬四方舆[42]在夜空中聚集一处。只见帷幔半开，上座的是后醍醐帝的外戚峰僧正春雅，披着一袭熏香的袈裟，双目辉耀如日月，嘴却是颀长的鸢喙，手里揉捻着水晶念珠。落座他左右的是南都[43]的智教上人、净土寺的忠圆僧正。他们的相貌仍然如昔日所见，但皆目光灼灼，不似凡人，左右肋下生出一对长翅。

然而，穿戴齐整或者佩戴奇怪物件的妖怪在江户时代并不少见。作州高田的孙六遇到女郎蜘蛛的故事里，蜘蛛便是化作一个年约五十、身穿五色衣裳的妇人出现的。

鬼与饿鬼的形象最肖似人类，不过一般都是裸体的形象。玉虫佛龛[44]上的绘画是日本最古老的"鬼"画。画中鬼赤裸上身，下体着犊鼻裈，身上长有羽毛。平安朝的《今昔物语集》如是描绘安义桥上的鬼：面孔色若

饿鬼 出自《饿鬼草纸》

朱砂，大小如蒲团，仅有一只眼睛，身长九尺，手有三指，指甲长达五寸，坚锐如刀。鬼有铜绿色的身躯，眼瞳如琥珀，乱发如蓬草，望之令人不寒而栗。《宇治拾遗物语》所作的描述则是：身长七尺，通体绀青，发若烈火，胸骨突出来，小腿奇细。这就是平安朝的鬼。镰仓时代的《古今著闻集》中的鬼则是身长八九尺，发若夜叉，身体呈赤黑色，双目圆睁似猿猴，上身赤裸，系着蒲叶遮蔽下体，手持一根六七尺长的兵仗。从平安朝、镰仓时代的绘画看来，《政事要略》[45]插图中的鬼外形与人大抵相同，系着一条兜裆布便敢招摇于世。《地狱草纸》[46]中的鬼还没有长角。它的全身布满褶皱，腰部系着遮布，从中伸出翅膀。可以说，鬼在平安朝末期已经演变为令人战栗的形象了。镰仓时代的《饿鬼草纸》[47]、《北野天神缘起》、《春日权现验记》[48]中的鬼都沿袭了前代的鬼怪记述，因此与平安朝末期的鬼之间没有实质差别。这一时期的鬼还没有角，一般只贴身系一件兜裆布或虎皮裙，仅作蔽体之用，手中常持有棒、槌、剑等物。

室町时代末期，鬼的形象发生了翻天覆地的变化。《拾遗御伽婢子》等书中的鬼长着赤红色的头发，两角犹如焚火，或是浑身覆满青毛，长有羽翅。有的鬼长着鸟嘴、獠牙交错参差。也有的鬼牛头兽面，身体或是红得似涂朱，或是青得近靛蓝，目光如电，口能喷火。这一时期的绘画也有所体现，《大江山绘词》的鬼如同天狗一般，嘴巴夸张地向外凸出，全身都被华丽的衣裳遮盖住了。有些鬼甚至身着毗沙门天[49]的服饰，手执铁杵，煞是威风。这一时代的人认为鬼乃精气孱弱之徒，所以需要手执宝具。

至于饿鬼，则始终保持着裸体的形象。人死后依从

大江山的鬼　出自《大江山绘词》

佐仓宗吾的灵魂　歌川国芳绘

镰田又八与妻子的鬼魂　歌川丰国绘
（堀十五郎氏藏）

生前的业因果报，多行恶业者就会堕入饿鬼的境地。饿鬼有时会闯入民家，袭击正在享受欢宴的人，有时会在野外出没，啃食死尸果腹。(《往生要集》[50]、《饿鬼草纸》)饿鬼与鬼差异悬殊，也就更谈不上讲究盛装出行了。

也有些妖怪化物的形象极其怪异，晦涩难解。在江户时代的锦绘中，佐仓宗五郎的灵魂背负着磔木出现，镰田又八与妻子菊野的幽灵以被捆绑的姿势现身（歌川丰国[51]锦绘），阿岩的亡灵附着在灯笼上，因此灯笼会倏地张开血盆大口。小说《守护御初天神》塑造了一个浑身流水的幽灵形象。这些虽出自小说家、画家们的创作，但未必就是没有意义的游思妄想。

依据留存至今的文献来看，妖怪化物按照其所操的语言可以分为两类：使用人类语言的与沉默无言的。人的幽灵、人形的化物一般通过语言表达它们的想法，另外也有阴火发出人声的特例。著名的《行脚怪谈袋》记载，秋日傍晚，芭蕉在筑前国小佐川畔彳亍独行，一团从溪谷飘来的青火球飞至桥上，眨眼间青火破碎，只听见某个微弱的声音在呼唤："阿丰、阿丰。"从河流中传来回复声："啊……啊……"阴火最终在双方渐息的哭声中消失不见，真叫见者催心断肠。青火球的真身是秋月町平民多吉的亡灵，他与一个有夫之妇暗生情愫，不被世间容许的二人携手私奔，却终归没能逃脱乡人的抓捕。一个被溺死在小佐川上游，一个被溺死在小佐川下游。由此观之，亡灵不仅通人言，亦会哭、会笑、会怒，所作所为都出于与人类无异的七情六欲。

注　释

1. 即尊意（866—940），平安朝中期的僧侣，第十三任延历寺天台宗座主，号法性房。
2. 改编自中国志怪小说集《剪灯新话》中的《牡丹灯记》与《渭塘奇遇记》。故事讲述荻原新之丞在七月十五的精灵祭当晚邂逅持灯笼的美人弥子，两人互赠恋歌，坠入爱河。后来荻原发现万寿寺祠堂的灵柩上写着弥子的姓名，才知其是鬼，慌忙向东寺的卿公求得咒符贴在门上，鬼果不再来。五十日后，荻原出于感激与卿公饮酒，醉后途经万寿寺，被弥子的侍女引入棺柩之中。
3. 平维茂，生卒年不详，平安朝中期的武将。传说平维茂在信浓国的户隐山遇见美人一行人，邀请他共斟美酒、赏红叶。平维茂在宴上入睡，梦中被神明告知此女乃恶鬼所化，他醒后与飞雷吐炎的鬼女展开激战，最终将其制服。见观世小次郎信光作能剧《红叶狩》。
4. 《归桥》，歌舞伎舞蹈，十种新古演剧之一，河竹默阿弥作词。改编自渡边纲在京都一条的归桥上砍断女鬼右臂的传说。

5. 青女房，原指经验尚浅、官职低微的年轻女官。在《今昔画图续百鬼》中被描绘为在幔帐后对镜露出黑齿而笑的妖怪。
6. 毛娼妓，又称毛女郎，形象为长发掩面的妓女。多田克己指出其为讽刺江户时代的吉原游廓而创作的妖怪。
7. 白粉婆，头顶破斗笠，左手拄拐杖，右手提酒壶，脸上涂满厚重白粉的老媪妖怪。
8. 魃，中国古籍中出现的妖怪，《山海经》中记为黄帝女儿，后渐成妖怪旱魃。明人的《三才图会》将其描绘为人面兽身、一手一足的野兽，居住在刚山。
9. 兵主部（ひょうすべ），九州地区的妖怪，秃顶、长毛，看见它的人会感染原因不明的热病。
10. 猥裸（わいら），身体如巨型的牛，两只前脚各有一根锐利的长指甲的妖怪。
11. 牛鬼，西日本流传的妖怪，牛头，身体是巨大的蜘蛛。亦有传说是牛头鬼身，长有昆虫的翅膀。主要出现在海滨，袭击过往行人。
12. 赤舌，藏身在乌云中的妖怪，脸被长毛覆盖，长有利爪，因吐出巨大的赤红舌头而得名。
13. 魍魉，又称罔两，水怪的总称。鸟山石燕的《今昔画图续百鬼》对其的解说文引用《淮南子》："状如三岁小儿，赤黑色、赤目、赤爪、长耳、美发。"
14. 魑魅，山林精气所化的妖怪，形象为人面兽身四足，好魅惑人。
15. 精蝼蛄（しょうけら），日本古时受道教影响，有庚申日守夜的习俗，此妖在庚申之夜趴在屋顶，从天窗窥视人们是否守夜，对入睡者给予惩罚。

16. 野衾，又称飞仓，江户城中出现的妖怪，为飞鼠或蝙蝠积年累月所化的妖怪，喜欢吹熄夜行人的火把，飞到人脸上挡住其口鼻。《绘本百物语》有记，野衾老后将变为山地乳。

17. 《清尊录》，宋代笔记小说，廉布著，记述鬼怪神仙逸事。鸟山石燕妖怪画的解说文字多有引用。

18. 以津真天，据《太平记》记载，建武元年（1334）秋瘟疫横行，宫中紫宸殿上每夜出现怪鸟，人面、蛇身，鸟喙弯曲，利齿如锯，不停鸣叫着"待到何时、待到何时"。恐惧的公卿委托神射手真弓广有将其射退。"以津真天"是"待到何时"的日语发音"いつまで"所对应的汉字。

19. 吉备津之釜，传说崇神天皇之时，吉备国出现一个叫温罗的鬼，筑城作乱，被当地首领吉备津彦率军讨伐。但温罗的首级被割下、埋在地下也仍然不断怒吼。十三年后，温罗向吉备津彦托梦说："在埋着我的头的地方放置一口釜，命我的妻子阿曾姬来供养我，照此行事的话，这口釜将为你们预卜吉凶。"该釜至今藏在吉备津神社，每年正月举办鸣釜仪式占卜一年的运势。

20. 指坛浦之战，1185年在长门坛浦进行的海战，也是源氏与平氏的最后一战，以源义经率领的源氏军队胜利告终，安德天皇投水自杀，平家灭亡。

21. 日和坊，夏季晴日出现于常陆国山中的妖怪。《今昔画图续百鬼》有记，日本人在房檐下挂晴天娃娃即源于祭祀此妖。

22. 见《太平百物语》卷二第十篇。传闻千千古在夜间出没，武士小河多助埋伏在城门下，待千千古飘浮过其头顶时一刀斩落。

众人提灯来看，原来是个内置了铃铛的皮球。后来多助听说，所谓千千古只是好事者站在高处用线操纵皮球吓唬行人的恶作剧罢了。

23. 唐段成式《酉阳杂俎》前集卷十六羽篇："夜行游女。一曰天帝女，一名钓星。夜飞昼隐，如鬼神。衣毛为飞鸟，脱毛为妇人。"

24. 源赖光（948—1021），平安朝中期的武将，弓术娴熟，作为大江山酒吞童子传说中的降魔者而著称。

25. 大祓，平安朝以降在6月、12月晦日举行的祓除罪恶与污秽的祭神仪式，至今在宫中与神社仍作为每年的例行仪式举行。大祓词，大祓仪式上由世代司掌神事、祭祀的中臣氏宣读的祝词。

26. 指香取神宫、鹿岛神宫祭祀的武神。香取神宫主祭经津主神，鹿岛神宫主祭建御雷神，二神都具有平定国土的武神、军神性质，在天孙降临神话中同受高天原派遣至出云与大国主商议让国事宜，因此自古两神宫并称。

27. 《日本传说集》，高木敏雄著，基于乡土研究的视角辑录二百五十余篇日本民间故事，近代民俗学研究的里程碑著作。

28. 太田道灌（1432—1486），室町时代中期的武将、歌人，以修筑江户城而著称。

29. 文章生，律令制下在大学寮学习汉诗文、历史的学生。

30. 乌帽子，黑色漆帽，古代日本元服后的男子所戴的袋状帽子。

31. 布衣，指制的狩衣，原为平安朝高官的便服。近世指无纹狩衣，六位以下之人的服饰或拜谒尊者时所穿。

32. シ，片假名，音同"死"。

33. 《发心集》,镰仓时代初期的故事集,鸭长明编,多收录出家谈、遁世谈、极乐往生谈等佛教故事。
34. 《男色大鉴》,贞享四年(1687)刊行的浮世草子,井原西鹤著,取材武家社会与歌舞伎的男色实事,描写情义纠葛的男子同性爱的故事。
35. 圆山应举(1733—1795),江户时代中期的画家,初师从狩野派的石田幽汀,后钻研明清的写生画与西洋的透视法,开创圆山画派。代表作有《保津川图屏风》《雪松图屏风》等。
36. 十返舍一九(1765—1831),江户时代后期的通俗文学作家,本名重田贞一,凭《东海道中膝栗毛》大获成功,与式亭三马并称滑稽本两大家。
37. 祇园井特(1755—?),江户时代京都的浮世绘师。在祇园町经营青楼、贩淫具春药维生,画风亲圆山派,以美人绘著称。
38. 《妒汤仇讨话》中,小姜名字写作"渔火"。
39. 村上义清(1501—1573),战国时代的武将,信浓葛尾城主,被武田信玄击败后求助于上杉谦信,是为武田、上杉两家争端的起因。
40. 藤原时代,日本文化史的时代划分之一,指894年停止遣唐使以后的平安朝中后期约三百年间,国风文化昌盛。因这一时期内藤原氏通过摄关政治独揽朝政而得名。
41. 细川胜元(1430—1473),室町时代中期的武将,幕府管领,在将军的继嗣之争中与山名宗全对立,应仁之乱时为东军首领,病死军中。曾兴建京都龙安寺。
42. 四方舆,四方形的轿舆,四面无壁而垂挂苇帘、竹帘遮挡,前后各三人抬轿。多为公卿、僧纲远行时所乘。

43. 南都指奈良的兴福寺，相对于被称为北岭的比睿山延历寺而言。
44. 玉虫佛龛，飞鸟时代的佛龛，因各部镂空金饰下铺有九千余枚玉虫翅鞘而得名，现藏于奈良法隆寺。
45. 《政事要略》，平安时代的律法书，惟宗允亮著，收录当时的律法制度、案例，并集有诸家见解。
46. 《地狱草纸》，又称《辟邪绘》，12世纪的地狱绘卷，东京国立博物馆藏本中有发火流地狱、火末虫地狱、云火雾地狱、雨炎火石地狱四图。
47. 《饿鬼草纸》，12世纪的绘卷，描绘地狱饿鬼道世界，反映当时盛行的六道思想。
48. 《春日权现验记》，镰仓时代的绘卷，描绘藤原氏氏神春日权现的灵验，现藏于东京三之丸尚藏馆。
49. 毗沙门天，即多闻天，四天王、十二天之一，住在须弥山北侧，率领夜叉镇守北方之神。在日本被视为七福神之一，守护佛法，赐予人财富与福运。
50. 《往生要集》，平安朝的佛教典籍，源信编著，收集各部经典中有关极乐往生的重要文章，论述念佛的要旨与功德，成为日本净土宗思想的基础。其中对地狱的描述在民间流传极广。
51. 歌川丰国（1769—1825），江户时代后期的浮世绘师，号一阳斋，师从歌川丰春，以美人画与役者绘著称，开创歌川流独特的似颜绘。艺名传至四代。

第七章　妖怪化物的性别、年龄与职业

妖怪化物的性别是指它们出现时的形象所表现出的性别。以人形妖怪为例，室町时代之前以男性居多，但在应仁之乱后女性妖怪逐渐增多，数量达到男性妖怪的2.5倍。不过此处只计入单独出现的妖怪，像战死的将士成群结队出现之类的情况就另当别论了。近世以来，为了爱恨情仇而出现的幽灵以女性为主，或许因为女性的执念比男性更加深重吧。不仅是化物，近世以后，女性在狭义的妖怪之中亦占据多数。除了古时的"产女"以外，女性妖怪还包括近世出现的"毛女郎"、"雨女"[1]、"雷女"、"骨女"[2]、"青女房"、"濡女"[3]、"影女"[4]、"片轮车"、"柳女"、"高女"[5]，以及"屏风窥"等。就连动植物、器物化为人形时也多为女性。毕竟，面容姣好的女性在诱骗男子这件事上更容易得手。反过来，妖怪化作男性去引诱女子的情况少之又少。

其次是妖怪的年龄，无论是妖怪还是化物都以中年形象出现者最多，鹤发鸡皮的老者与牙牙学语的幼童都不多见。老迈的妖怪有"白粉婆"、"黑冢"[6]、"柳婆"等，幼龄的妖怪大多是以被谁抱在怀中的方式出现，"产女"与《四谷怪谈》都是如此。若假以时日，这些妖怪婴儿长大后就会离开母亲，自立门户，比如"油赤子"[7]、"岸涯小僧"、"川赤子"[8]、"雨降小僧"、"大秃"[9]等。不过，幽灵似乎会因为怀胎而痛苦。《太平百物语》有记，大坂的上本町的十作遇见了一位女子的幽灵，她正苦于腹中胎儿怎么都生不出来，请求十作用刀剖开其腹部，取出里面的婴儿。

从职业上看，人形妖怪化物里既有公卿、女官、武士、御殿女中[10]等上流阶级，也有僧侣、山中修验者、相扑力士、商人、工匠、农民等社会职业，也有许多干脆从外观上难以摸清底细。不过这些主要是出没人间界的化物的职业，而在狭义的妖怪身处的妖魔世界里同样有职业的划分。属于僧人一类的妖怪有"青坊主"[11]、"野寺坊"[12]、"海座头"、"大座头"等，此外还有些不是僧人却冠以僧名的妖怪，如"海坊主""见越入道"等。不过，想来这些和尚模样的妖怪也从不曾敲钟念佛吧？与这些假行僧相比，总不忘把火吹灭的"火消婆"、舔舐灯油的"油赤子"要恪尽职守多了。再如"火间虫入道（ひまむしょ入道）"厌恶夜间工作，逢人夜读就百般妨碍；"屏风窥"嫉妒成性，却又爱往人那翠帐红闱内窥探个不

火間虫入道　出自《百鬼夜行拾遺》

休;"垢尝"的职责是在澡堂吃掉人的污垢,难怪它脏污不堪;"买酒小僧"是提着记事账与酒瓶替人跑腿买酒的劳苦妖怪;"雪隐妖怪"则始终待在厕所里,也难免要沾染些难堪的气味了。

注 释

1. 雨女,能够唤雨的妖怪。鸟山石燕在《今昔百鬼拾遗》中形容其为朝云暮雨的巫山神女,所以多田克己认为此妖是为讽刺江户时代的吉原游廓而作。
2. 骨女,骸骨形象的女妖,提着灯笼去生前恋慕的男子家中与其媾和。原型是浅井了意《牡丹灯笼》的弥子。
3. 濡女,常在海滨、河川出现的女妖,特征是头发濡湿,身体是大蛇,吞噬人类为食。
4. 影女,在月光照耀下身影映在窗纸上的女性妖怪。
5. 高女,出现在妓院中,下半身奇长无比,高达两层楼的女性妖怪。
6. 黑冢,安达原的鬼婆之坟冢,代指鬼婆。
7. 油赤子,盗油人死后化作的鬼火妖怪,潜入人家变为婴儿舔舐灯油,一滴不剩后变回鬼火飞走。
8. 川赤子,栖息在河川池沼边的婴儿妖怪,会发出小儿啼哭声,引诱来寻找者失足跌入水中。

9. 大秃，身穿菊纹和服、身材比屏风还高的妖怪。"秃"原指游廊的见习妓女。鸟山石燕在《今昔画图续百鬼》中解说道："昔有彭祖七百岁犹貌若慈童，今有日本那智高野上头秃齿豁之徒即为大秃。"传说彭祖饮菊露得长生，菊为肛门的隐语，故而有人认为此妖是鸟山为讽刺沉溺男色的破戒僧所作。
10. 御殿女中，江户时代在将军、大名宅邸侍奉的女性。
11. 青坊主，青色皮肤、穿青色衣裳的独眼和尚。一说"青"字取稚嫩、不成熟的意思，青坊主是以修行尚浅的和尚为原型创作的妖怪。
12. 野寺坊，在无人的荒废寺院中出现的妖怪，穿着破洞袈裟，孤独地敲响寺钟。

第八章 妖怪化物的能力与弱点

有的妖怪化物具备种种令人恐怖的能力,有的则人畜无害。妖怪化物具备的能力大致有以下九种:

一、隐显自如

二、精通变化

三、能够自由飞行

四、脑力发达

五、行动敏捷

六、膂力惊人

七、支配自然与人间

八、承受和抵御的能力极强

九、不死

第一种能力"隐显自如",指能够自由地操纵身体,随心所欲地隐蔽或显现自己的身姿。《古今著闻集》有记:

（延长）八年六月廿五日，宇多上皇的随身侍卫路过右近阵，看见一个穿三位朝服之人与一个穿五位朝服之人命随从点明灯火，走进了右近阵。可当他走过去一瞧，里面什么人都没有。世人闻之甚畏，都说是鬼的把戏。

正如前文所述，幽灵是具有这项能力的。

第二种能力"精通变化"指妖怪能够轻而易举地改变自己的形象，变化万端，虚实莫测。《怪谈登志男》中有这么一桩离奇的故事。天正七年，江州的安土城中有个名叫氏家武者之助的人，他拉开厕所的门时，里面蹲踞着一头大牛。他拔刀就向大牛挥砍，那是切实砍进肉里的手感，然而却没有血滴落。只见那化物的身姿渐渐淡薄以至无形了。人们传说这是居住在城中的妖怪。后来，武者之助去有马泡温泉，结识了一位姓玉川的人，此人一天到晚戴着僧人的缠头巾。他问玉川为何从不解下头巾，那人说道："难道不是因为曾被你砍伤吗？"武者之助一下子明白了此人即是安土城中的妖怪。又有一则逸事说的是在伊予国，河野通直的妻子如厕后，竟然回来了姿容、声色丝毫不差的两个人，在家中上下引发了骚乱。家主将二人囚禁在笼舍之内，命人监视她们的一举一动，终于从进食动作的微妙差异上断定出某一人为妖怪所变。这女子被打

死后显现出狐狸的原形。(《玉帚木》)

相传丹后国有只狐狸会变成独眼的大入道,时而又变作尼姑数人,或是变作一颗皮球。(《丹后国化物物语》)它们拥有任意缩小放大身形的能耐,甚至能从钥匙孔钻入家中。这些故事都证实了妖怪具有变幻自如的本领。

第三种能力是"能够自由飞行",指妖怪能像鸟雀般在空中自由飞翔的能力。《小夜时雨》有记,某人登上鹫峰山时望见空中有个面目怪异的人腾云飞行,此人大为惊惧,不慎跌落山崖。天狗素以飞行迅速而著称。据《百物语评判》所载,僧人智遁在浅间山遭遇天狗,被它挟住飞往周防,当日就死在了伊势。人死后的灵魂拥有顷刻间出现于远隔千里之地的能力。譬如《雨月物语》的《菊花之约》一篇中赤穴的亡灵,"人不能日行千里,而灵魂却能做到"。

第四种能力"脑力发达"指某些妖怪知觉敏锐、才智深远,甚至感情丰沛。若论知觉敏锐,"觉"当仁不让

狐狸化成的一目入道　出自《丹后国化物物语》

在空中飞翔的天狗 出自《怪谈登志男》

是妖怪中翘楚,它一眼便能察知人心。有一人前往大坂,妇人留守家中受性欲之渴,乃至灵魂追往大坂,可说是敏感得异于常人了。才智深远的例子则有前文所述的狐狸逸话,狐妖抢先在禁中侍卫之前变出了假的土御门殿与侍卫的同僚,巧妙地设下引君入瓮的计谋。鬼、植物的精怪兴之所至,吟诗作歌,不仅文采斐然,亦能从中一窥它们丰富的内心世界。若是它们情绪亢奋起来,指不定会闹出什么乱子来。《南总里见八犬传》[1]中赤岩一角的亡灵告诉我们:人死后化为灵体,将洞悉世间万理,智慧远超在世之人。

第五种能力"行动敏捷"指妖怪手脚麻利,往往不留一丝破绽。"片轮车"在驶过街市时会窃取偷窥自己之人的孩子。鬼片刻就将人啃食殆尽。

第六种能力"膂力惊人"是指妖怪具有惊人的力气。有许多故事中都出现了猫妖与鬼把人扔到空中的桥段。长享元年,六角高赖的亲信坚田又五郎隐居在山中的安养寺,十余骑人马趁机袭击他。正当危急之时,一头鬼挡住他们的去路,它一把握住马上的兵士,把马踩死并且拾起来吃掉了。(《拾遗御伽婢子》)其过人的膂力可见一斑。

第七种能力是"支配自然与人间",指妖怪具有超自然的威力,能够制造令人惊骇的光景,譬如万里无云的晴空霎时间暗云翻涌,暴雨如注,电闪雷鸣。不仅如此,有时还能平地起高楼,须臾间营建出庄严雄浑的金殿玉楼。摄津国的丰田小才次救下一只落入蛇口的青蛙,于是,青蛙邀请他游历井蛙馆,在殿中以山珍海味相待。(《御伽厚化妆》)妖怪们超越了现实社会,摆脱人间的道德、法律的繁杂束缚,在无垠天地间自由地驰骋。怎能不让人羡慕呢?

第八种能力是"承受和抵御的能力极强"。《今昔物语集》中的鬼能将中了的箭矢反弹回去,幽灵无论被刀剑砍了多少下也安然无恙。

第九种能力是"不死"。幽灵是不老不死的,仿佛生活在真如灵界,无欲无求,享受着极乐净土的永恒平静。(不过,幽灵之间也存在争斗杀伐,这类现象就超出我们凡人的理解范围了。)

上述九种能力是妖怪们夸耀的特权。但并非所有妖怪化物都被赋予了这些能力,它们或许会欠缺其中几项,而这往往是它们失败的原因。妖怪化物对自己的本事颇为自负,但无论其诳骗人类的手法多么巧妙,世上终究有揭穿它们本来面目的照妖镜。乔装变形的妖怪一旦暴露在镜子和水面上,立刻就会映照出原形,所以它们对镜与水心存敬畏。然而，最令妖怪畏惧的是以下这四样东西：

一、勇士
二、咒文护符
三、肾神及其他神明
四、祈祷念佛

第一，刚猛绝伦的勇士仅凭赤手空拳或是刀剑弓矢就能杀死妖怪。《小夜时雨》有记，朝仓义景[2]的家臣望月治郎左卫门走过河边时，一个形象奇异的妖怪一边呼唤他的名字，一边截住去路。他怒目而视，妖怪竟被这股威压吓退了。《大和怪异记》收录了骏河国的勇士山路勘介降伏妖怪的故事。《土蜘蛛草纸》[3]也记载了赖光四天王

《土蜘蛛草纸》（部分）

消灭土蜘蛛一事。自古以来，名留史册的勇士都以震慑妖魔为己任。不过若是以心怀宿怨的幽灵为对手，无论多么威猛的勇士恐怕都施展不开拳脚。此时便不得不求助于神明或念佛的力量。

第二是咒文与护符。《怪物舆论》中有一则有关咒文的奇谈。京都的岩仓住着个姓池澄的人，他的女儿小樱性喜淫乱，并因此染病身故。她的亡灵附在花房家的杂掌[4]、远近闻名的美男子大馆采女身上，使他日复一日地衰弱下去。一日，采女的父亲惊讶地发现形销骨立的小樱睡在采女身旁，他料定近来的蹊跷必定是小樱的亡魂所为。于是，他在小樱墓前的卒塔婆[5]上写上"籤籭乙"三字，躲在旁边守候。待身着白衣的小樱归来时，欲回墓中而不得，烦闷得头发倒立，杏眼圆睁，浑身打战。怪哉，这墓前的卒塔婆总是阻挠着自己，小樱不由得倒伏在地，号啕大哭。这即是咒文的功效。密教的护符上绘有人、天狗、狐狸之类的形象，其他教派的护符也都大同小异。

第三是神明。小樱奇谈到此并未结束，当亡灵伏地痛哭之时，出现了一众身披甲胄的武士将她团团围住，责备她沉溺淫邪。小樱哭泣着懊悔自己的过错，乞求原谅。这些武士被称为"肾神"。病人与小樱的亡灵日夜纵欲而导致肾气匮乏，因此，他的肾神现形前来报仇。(《怪物舆论》)此外，当幽闭在天岩户内的天照大神再度出现之

妖术：召唤骷髅　　歌川国芳绘

时，世间的群妖皆收敛声息，可见妖怪会震慑于神明的威严之下。

第四是祈祷念佛。自古以来，祈祷念佛是躲避妖怪化物时不可或缺的仪式。中古[6]时期，每当有人遭逢凶事，他必须沐浴斋戒，表示谨慎的心意，请僧侣为其祈祷。如若有人被妖气凭附，他必须求得前往吉野金峰山修验之人行前所写的经文，潜心地读经修法。然后将妖气转移至预先准备好的附体者身上，通过附体者之口，询问妖气的来历与欲求。修验者对它进行诘责、攻击，迫使它服从人的意志，这样才能够使妖气退散。

很多时候，仅凭供养、修法就能制服妖怪、幽灵。《狗张子》有记，三方原之战[7]中死去武士的亡魂滞留在谷底，夜夜可闻鬼哭。因此，德川家摆设灯笼供物，举办盂兰盆会，为其念佛献舞，啼号声方才止息。《太平百物语》亦有一桩怪谈。某个僧人在丹波的村云山的一户人家投宿，家中有老妪与幼童二人。夜半三更，二人开始啃食死人的身体，僧人见状便在另一个房间诵经念佛。老妪飞身朝僧人猛扑过去，然而幸托经文的无量功德，僧人的身姿之上显现出不动明王的形象，妖怪使尽手段也不得近身。迎来天明后，僧人平安无事地离开了此地。

另外，妖怪化物们大多趁夜色弥漫时出没，一见朝日升起就立刻销声匿迹。

又及，动物妖怪有尤其惧怕的天敌。无论它们如何变幻身姿，哪怕是乔装成人类，都会被天敌动物一眼识破。譬如狐狸妻子被狗狂吠不已、变成三门的狸猫被马所惊吓而逃之夭夭。

注 释

1. 《南总里见八犬传》，长篇传奇读本，曲亭马琴作，描写安房国里见氏之祖义实的女儿伏姬感应妖犬八房之气，生下持有仁、义、礼、智、忠、信、孝、悌八玉的八犬士，复兴里见家的传奇小说。全篇构思宏大，贯穿惩恶劝善的思想，为江户读本文学的代表作。

2. 朝仓义景（1533—1573），战国时代的大名，与浅井长政联合对抗织田信长，大败于姊川之战，后在一乘谷遭信长进攻而自杀，朝仓氏灭亡。
3. 《土蜘蛛草纸》，14世纪的绘卷，描绘源赖光与手下四天王之一渡边纲在废屋中遇到种种妖怪，循着血迹，在西山深处的洞窟里降伏土蜘蛛的武勇事迹。
4. 杂掌，原为中世的庄官之一，作为官府、寺院或贵族的代理人分管年贡等杂务，后指侍奉武家、处理杂务之人。
5. 卒塔婆，为死者祈冥福而立于墓前、上书梵文或经文的塔形细长木牌。
6. 中古，在日本特指平安朝。
7. 三方原之战，元龟三年（1573）武田信玄与德川家康在三方原爆发的战争，以武田军的胜利告终。传闻家康撤退时害怕得失禁脱粪。

第九章 结　语

　　缕述至此，想必读者都已了解：鸿蒙开辟以来，妖怪化物与日本人的祖先之间保持着极其密切的关系。上至王侯将相，下至黎民百姓，从人迹罕至的深山至国境边陲的港口，莫不是妖怪出现的舞台。江户人挂在嘴边的"箱根山以东无妖怪"不过是一句妄言。实际上，日本人的祖先对妖怪化物的存在深信不疑，他们绝不会认为幽灵的本体只是一根枯芒草。因此我们必须体会"妖怪"存在之谜中饱含的真挚情感。

　　太古以降，每当谈到日本的信仰，与妖怪化物相关的一切都是无法避开的一环。正因为它们与日本人的精神生活息息相关，我们在面对妖怪化物时才会有失冷静。其实妖怪化物的故事发挥着各种各样道德教化的作用，决不可小觑。比如女子的性格比男子更易感伤，被女子怨恨是很恐怖的事情；必须爱护动物，若施迫害必遭复仇；信仰不笃定会给恶魔制造可乘之机。无数的教谕被编织在妖怪绮谭之中，无形中对听者的修养有所裨益。《太平百物语》有记，某大名的幼君喜好妖怪，家中的厨子与次熟知百物语。幼君每夜必召与次前来讲述妖怪化物的故事。日后，幼君继任大名，他从那些故事里学会了何为勇敢、何为胆怯，明辨是非、深知荣辱，成为修养深厚的一国之主。因此他赐予与次三百石新知行[1]。由此观之，妖怪化物的出现给人心带来了巨大的影响。

进入明治时代以后，随着学术的进步，神秘幽冥的世界被映照在学理的明镜之下，妖怪化物被人类所威胁，从以前的人畏惧妖，变成了如今的妖害怕人。现在不仅白昼间，就连丑时三刻，妖怪化物也必须屏息潜藏，愚弄人类的事情也越发稀少了。然而，幽灵、磷火、狐狸和狸猫的奇闻逸事仍然在田野乡间口耳相传，即使在霓虹璀璨的大都会，新的都市怪谈也源源不断地诞生。看来，我们的世界与妖怪化物世界的缘分还没有尽。我想，妖怪化物之国想必是一个与天壤而同久的国度吧？这个庄严而神秘的世界始终存在，朝我们而来。

注　释

1. 知行，近世指将军、大名作为俸禄赐予家臣土地的支配权，亦指所赐的封土。

文艺作品中的鬼

一

　　风俗史研究的领域之一——对历代迷信的研究，实在是令人兴趣盎然。尤其是勾起人类恐怖心的妖怪化物，它们历经了怎样的时代演变，又如何在人类的文学、美术作品中粉墨登场，这些问题一直令我着迷。过去的作者如何书写妖怪，过去的平民百姓如何认识、解释妖怪，我相信，这些问题的研究不仅能满足个人的喜好，也会对艺术家和有志于历史、文明史研究的人有所裨益。至今为止，我在《风俗研究》上发表过不少风俗史课题的文章，而此次的研究视野则转向了幽冥界的"鬼"。

　　自古以来，人们认为幽冥界具备某种力量，操纵着不断给人间降下灾厄的恐惧之线。

　　从藤原氏当政的时代至镰仓时代，天魔[1]、鬼或天狗依恃力量横行人间，其中，鬼出没最为频繁，忽隐忽现，带来种种灾祸，令当时的人们深感悚惧。现代人认为所谓的"鬼"仅仅是指地狱中的鬼,然而,当时的人们广泛相信人间亦是鬼的居所,有时活人会化身为鬼,或者人死后变成厉鬼,这些鬼在人世中游荡。现世与来生、人与鬼之间存在着极其密切的联系。后来,某一时期的人们甚至认为鬼不止来自地狱,还是从蓬莱之类的异世界渡海而来的东西。地狱的鬼也时常会在现世出没。譬如《日本灵异记》记载,赞岐国山田郡的布敷臣衣女身染沉疴,于是家人为她祭祀疫神,地狱的鬼奉阎魔之命在祭典上现身。然而,本文主要讨论的是来自地狱之鬼以外的鬼。

二

古时的鬼被视为"物"(もの)。《古事记》中留下了"恶物"与"丑女"。"物"字是"恶物"或"鬼物"之"物"的略称,据《倭名类聚抄》[2]所记:

> 於邇[3]者隐音之讹也。鬼物隐而不欲显形故以称也。

"隐"字读音为"おん","ん"通"に",久而久之讹传成"おに"。追本溯源,"鬼"字最初是指隐蔽身形之物。

当时还流传着人变成鬼的故事,《平家物语》的"剑"

之条写道，嵯峨天皇御世之时，某个公卿的女儿生性嫉妒，她向贵船神社祈祷愿化作鬼，在神社斋戒闭居七日后，她以笼为角，往脸颊点上朱色，在身体上涂满丹砂，头戴铁箍，点燃一根三足松明，最后竟然真变成了鬼。

《今昔物语集》中也记载了猎人的母亲年老体衰后变成鬼，企图吃掉亲生儿子的故事。文末附带一段作者评语，称：

> 由此可知，父母的年纪过于老耄以后，必将变成妖怪起意啖食其子。

俗谚"猫老则妖"说的是同样的道理。古代的人们相信不只是动物，就连器物使用日久后也会化作妖怪。《付丧神》中记述了大量此类逸话。

其次，有时人死化鬼之后还会滞留在人世间。《宇治拾遗物语》记述了日藏上人在吉野山深处遇到身长七尺的鬼，见它潸然泪下，便问其缘由，鬼答说：

> 我在四五百年前也曾是人，因为对仇家心怀宿怨，才化为鬼身。

鬼虽然将仇家折磨至死，却没有彻底涤清积怨，因

玉虫佛龛里的鬼

此抱憾而涕泣。诸如此类的故事在江户时代演变为幽灵故事。囿于执念的亡灵不愿投胎转世，而游荡在尘世之中。

然而，若是我们查看一番鬼籍，便会发现原籍是蓬莱、鬼岛、鬼窟等地的鬼也有不少。这些鬼从鬼怪群集之地来到我们的社会。狂言[4]《鬼槌》有戏词曰：

> 身披蓑衣头戴笠，左持小槌右握宝，正乃蓬莱岛之鬼是也。

三

那么，鬼为什么要在这娑婆世界露面呢？在这个问题上，幽灵可真高明，它们往往不抱有目的，只是身姿朦胧地出现在人眼前。就连被视为最愚钝的木叶幽灵也是如此。但不抱目的的鬼是极少数，绝大部分的鬼出现时都对特定的人抱持一定目的，或是留恋，或是怨恨，或是有未了之事。然而，鬼的目的一般缺乏明晰性，尽管它们有备而来，做法上却总显得优柔寡断。古籍所载的鬼怪奇谈中，鬼出现的目的大致有以下五种：

（一）屠杀人类
（二）盗窃物品
（三）散播疾病
（四）向人拜托或哭诉某事
（五）与人进行问答

（一）嗜杀最能体现鬼的残忍性，尤其当没有理由的屠杀发生之时。正因如此，我们用"恶鬼"一词形容残酷的人。自古以来，最令人畏忌的也是这种袭击个人的鬼。试看《今昔物语集》，光孝天皇在位期间，三个年轻的女子走过武德殿的松林，见树林间有一个男子，他把其中一个女子拉进松树的浓荫之下。过了许久也不见她回来，另外的两人心生疑惑，过去察看情况，只见那女子的四肢散落一地。不消说，那男子是鬼所化，将女子吃掉充饥了。类似的故事还有很多。

（二）盗窃物品的鬼一般是非常卑劣的鬼，以盗走物品为乐。据《古今著闻集》记载，宫中秘藏的琵琶"玄象"不翼而飞，宫人修行秘法十四日后，琵琶从朱雀门楼上用绳系着缒下来。人们风传是被鬼盗走的。

（三）关于致人患病的鬼，中国的《山海经》[5]等典籍称，颛顼的三个儿子死后化为疫鬼，《礼纬》写的是高阳氏，《金谷园记》写的是高辛氏，虽略有出入，但是共同之处在于他的三个儿子能使人罹患疾病。自文武天皇以来，日本也效仿中国在宫中举行追傩[6]仪式，后来逐渐演变为在节分撒豆的习俗。另外，日本也流传着类似的疫神传说。《今昔物语集》有记，冷泉院[7]在位之时，天下流行咳病。有人在街上遇见一个身穿红袍、面相骇人的男子。那人问道："你认识我是谁吗？"答说："不认识。"那人说："我是本朝昔日的大纳言伴善雄。因罪被发配伊豆国，死后成为疫病神。"他自言此番咳病就是他的功劳。[8]

　　（四）这一类属于鬼中的缺乏气概者，显得稚气未脱，故而也可怜可爱。狂言《节分》中的鬼每逢节分之夜便会上门索要豆子，喊道："哎！行行好，给点豆子吃吧！"如此寒酸的鬼在镰仓时代以前是看不到的，是在室町时代以后才产生的。

　　（五）能与人问答的鬼通常是些喜好辩论的鬼，天竺的商人曾在海上遇见过这种鬼。鬼问道："你可曾见过比我更

《政事要略》中的疫鬼

恐怖的东西？"商人答道："众生心中的恶业与烦恼。"鬼遂被问倒。就这样，一人一鬼不断交替进行禅宗问答。日本亦有类似的传说，都良香吟出"气霁风梳新柳发"之句时，鬼唱和道"冰消波洗旧苔须"。据说菅原道真读到此句，立即看破了其诗为鬼作。如此文采斐然之鬼也算得是鬼中异类了。

以上五种即为鬼出现的原因。

《北野天神缘起》中的鬼

《百鬼夜行绘卷》中的赤鬼和青鬼

四

接下来，让我们从古典文献中探寻鬼出现的时间与场所吧。我们不妨将鬼与幽灵做一番对照。自古以来，幽灵多在接引亡者灵魂的时日里出现，比如盂兰盆节。与此相仿，鬼在一年中亦有固定出现的时期。《拾芥抄》对"百鬼夜行日"如是记载：

百鬼夜行日不可夜行。

令人恐惧的百鬼夜行之日在正月、二月的子日，三月、四月的午日，五月、六月的巳日，七月、八月的戌日，九月、十月的未日，十一月、十二月的辰日。一说盛夏的伏日是万鬼出现之日。从具体的时刻而言，幽灵忌惮白昼——尽管西洋世界存在出现于白昼的幽灵——正如曲亭马琴的《化竞丑满钟》所写：

夜色渐淡，幽灵也随之悄无声息地逃去。

相较之下，鬼是不择出现的时刻的，能够毫无顾虑地在白昼现身。然而无论幽灵还是鬼，夜晚出现的场合都多于白昼，也有些鬼特地在拂晓与日暮时分出现。《今昔物语集》记述了某个弁官清晨上朝途中遇鬼一事。另一桩逸话则写道，黄昏降临时，屋中有鬼打开侧门，伸手将此家的妇人拽了进来。

再来说鬼出现的场所。幽灵一般出现在繁茂成荫的杉树、柳树之下，或是以水井、坟场、河川为背景，鬼则显得更加自由无拘，就算在平原上也能坦然现身。纵览日本古籍，鬼大多出现于荒凉破败的房屋、街头的佛祠、松林、桥畔、树洞之类的地方，既有过群体生活的鬼，也有茕茕孑立、孤独生活的鬼。也有些鬼生活在山中、海上。蓬莱、鬼岛成为鬼的住所，则是后世之人的附会。不过，群体生活是鬼的特征，这是幽灵所不具备的。

五

幽灵的出现时常会伴随着阴火或心火。江户时代的小说经常出现这样的情节：恶徒杀人之后，有一团阴火从伤口飘浮而出，飞入杀人者的怀中，或者是亡灵从阴火中隐约浮现。然而，鬼却与火关联甚少，只有少数文献留下"鬼口喷火"的记述。《古今著闻集》中有一个关于鬼点燃火把的故事，右近阵的下野长用从宫中的殷富门向武德殿方向眺望时，看见鬼火在燃烧。原文为：

他望见了百余团火光，久久不曾散去。

鬼出现时伴随有声响的情况也很常见。幽灵经常随远寺的钟声、风雨声、鹰声、僧俗诵经声而出现，但这些都是外界的声音，幽灵自己是默不作声的。然而，鬼出现时的声音非常特殊，不似幽灵那般阴森幽远，倒仿佛是想让所有人听见似的。"数百人的喧嚣声""人声马嘶自东方传来""两万匹马嘶鸣奔踏之声"之类的描述在《古今著闻集》中屡见不鲜。

此外，鬼出现后还会留下不可思议的现象。譬如鬼离开之后地面上留下青赤两色交错的脚印，或是留下牛马踏过的蹄迹。与消失于虚空、不留一丝余迹的幽灵相比，我总觉得鬼具有直爽坦荡的男子性格。

六

本节主要描述鬼的形态。幽灵以女性居多，年龄主要集中在青年，几乎看不见皱纹满面的老人、蹒跚学步的孩子。但是亲子一同出现的情况却很常见。鬼不像幽灵那样保持生前的容貌，因此人们难以一眼看穿鬼前世的身份。或许鬼有着与生俱来的欺瞒能力。

鬼的形象大致有以下几种：

（一）以人形出现的鬼

①容貌与人类不差毫厘
　　　②某一部分具有鬼的特征
　（二）具有特定形象的鬼
　　　①穿戴衣物的鬼
　　　②赤身裸体的鬼
　（三）化作动物、器物的鬼
　（四）看不见的、没有形体的鬼

接下来让我们对此进行逐一说明。

（一）变化自如的能力是鬼引以为傲的武器。鬼能够变作世间任何事物。它们变成与生前毫无瓜葛的形象欺骗人类，做出残酷的行径。前文提到宫内松林的鬼就是化作美男子，伺机吃掉女性。承元元年六月二十七日未时，曾出现一鬼，衣冠整齐，不怒自威，但他的身高竟一丈有余，到底暴露了鬼的身份。这就是属于②的例子。还有许多鬼会乔装成女性。据《太平记》所记，大森彦七在伊予国的金莲寺观看猿乐[9]，归途中偶遇一佳人。她请求彦七背着她走一段路程，但行至河边，佳人忽然露出狰狞的嘴脸，彦七在一番搏斗后将其制服。《归桥》的渡边纲、《红叶狩》的平维茂的故事也都脍炙人口。还有些鬼会变作幼童。《拾遗御伽婢子》有记，小石伊兵卫尉携妻子住进深山，妻子在山中平安地诞下婴儿。于是，他吩咐家

用杵捶打亡者的鬼　出自《春日权现验记》

中的女童照顾婴儿。谁知那女童倏地张开血盆大口，从嘴角裂开至耳边，一口含住婴儿的脑袋，仿佛舔舐般悠然将其吃下。小石大惊失色，拔刀砍向妖怪，却不能伤它分毫。这个悲惨的故事告诉我们，鬼的变化术是何等巧妙。

（二）这类鬼不屑于隐藏自己的真身。据《今昔物语集》所记，曾有鬼出现在安义桥上，它的面孔色如朱砂，蒲团般大小，仅有一只眼睛，身长九尺，手有三指，指甲长达五寸，坚锐如刀。鬼有青绿色的身躯，眼瞳如琥珀，乱发如蓬草，望之令人不寒而栗。《宇治拾遗物语》对鬼的形容则是身长七尺，通体绀青，发若烈火，胸骨暴露在外，腹部鼓胀，小腿奇细。《古今著闻集》中的鬼身高一丈八九尺，发若夜叉，身体呈赤黑色，双目圆睁似猿猴，上身赤裸，系着蒲叶遮蔽下体，手持一根六七尺的兵仗。以上是古典文献中对镰仓时代以前的鬼的描述。从美术作品来看，玉虫佛龛上的鬼画、《政事要略》中的鬼画、《地狱草纸》与《饿鬼草纸》上的鬼、《春日权现验记》与《百鬼夜行绘卷》之类的鬼画描绘了平安朝的鬼的形象。从考古出土物来看，骏河国志太郡出土的狛剑[10]的鬼头柄、兴福寺的天灯鬼[11]、龙灯鬼[12]都是极负盛名的作品。

关于室町时代的鬼的描述见诸《御伽酒吞童子》[13]，鬼身长二丈有余，有角从赤红色的头发里伸出来，长有异常浓密的鬓须、眉毛，

《饿鬼草纸》中的鬼

手脚粗壮如熊掌。同书另一处又将鬼形容为身体红若赤焰，身材高大，留着稚童般的刘海儿头，穿着布满硕大方格花纹的衣衫，外边套一件朱红色布袴，手执铁杖。《富士人穴草子》则描绘了更可怖的鬼的形象：身高十丈，头顶竖立有十六根角，呼吸的气息能吹飞百町以外的东西。

江户时代的《拾遗御伽婢子》中的鬼长着赤红色头发，两角犹在焚火，或是浑身覆满青毛，长有羽翅。有的鬼长着鸟嘴，獠牙交错参差。也有的鬼牛头兽面，身体或是红似涂朱，或是青近靛蓝，目光如电，口能喷火。

历代文献中对鬼的描述大略摘录如上。接下来，我们再从绘画、雕刻方面来审视从古至今鬼的形象变迁。最古老的鬼的形象产生在上古时期，骏河国志太郡出土的环

大津绘《鬼的三味线》

头太刀手柄上的雕刻或许反映了这一形象，但学界对此存有争议，尚有待方家考证。鬼最早在绘画中出现是在玉虫佛龛的密陀绘[14]，画中鬼的脸形似狈犬[15]，虽有耳朵，乍看之下却让人觉得是一对角。鬼赤身裸体，单裹一条犊鼻裈，值得注意的是鬼的肩部长满羽毛。接着是平安朝中期的著作《政事要略》的插图，鬼仍旧只穿犊鼻裈，没有长角。相比玉虫佛龛上的鬼，它除了爪牙锋利这一点以外，其他体态特征都与人类非常相似。创作于平安朝末期的《地狱草纸》里的鬼也还未见有角，它有三只眼睛，腰部系着遮布，布满褶皱的身躯如同衰朽的老人一般。有的鬼和飞龙一样拥有强有力的翅膀。到平安朝末期之时，鬼的容貌已经变得非常骇人。镰仓时代的《饿鬼草纸》《北野天神缘起》《春日权现验记》《百鬼夜行绘卷》等鬼画大都沿袭了平安朝末期的鬼的形象，还没有角，系一件犊鼻裈或虎皮裙。它们身上通常不是赤身裸体的，而是用单薄的衣

物遮掩身体，大多手持棒、槌、剑等物。既有爪牙锋利的鬼，也有收敛爪牙的鬼。自室町时代起，人们开始给鬼画角，一般为正面一根角或左右两根角。《大江山绘词》中的鬼像天狗一样嘴巴夸张地向外凸出，还有的鬼长着一张头发稀疏的麻风病人的丑陋面孔。《拾遗御伽婢子》中出现的鬼大抵如此，这就是室町时代后期的鬼的形象。值得注意的是，在这一时期的鬼当中，身着衣物的鬼的数量远远超过了裸体的鬼。有些鬼甚至身着毗沙门天的服饰，手执铁杵。另外，在狂言中还出现了身穿隐形蓑衣、头戴隐形斗笠、手持棒槌，甚至沦落到被人类虐待的地步的胆小鬼。江户时代的鬼画依从前代，在《都绘马鉴》之类的作品中，鬼虽然长着恐怖的鬼脸，却身着人类的服饰。大津绘[16]则向我们描绘了寒念佛[17]的僧人如何堕落为鬼。

以上我们从文献与绘画方面总结了鬼的第二种形象，总体来看，这类具有特定形象的鬼出现于上古，盛极于室町时代，至江户时代已经显著减少。最初的形象近似于狮子，其后与人肖似，后来鬼的形象逐渐变得恐怖，这种趋势在镰仓时代到达巅峰，但是室町、江户两代的鬼反而表现出些许稚气。最初的鬼是没有角的，后世才生出角来，并且不断伸长，到了江户时代，鬼角已经像牛角一样长了。另外，鬼最先是以裸体示人，后来才逐渐穿上各种衣裳，手中所持的东西的种类也不断增加。至此，鬼最初的力量也随之不断减弱,最终被人类所制服。

(三)鬼化作动物、器物的逸话见诸《今昔物语集》。小野宫实资乘车从大宫大道向南走,看见自己的车前有一个油瓶在一蹦一跳地走着。它钻入某户人家的锁孔,害死了这家的女儿。又及,两个武士在值夜时看到东对屋的房脊上伸出一块七八尺长的木板,飞入家中,压死了一个五位家将。这都是鬼干下的勾当。鬼既然精通变化,变成动物自然是不在话下,但是中古时期的文献却鲜有此类记载。地狱中的鬼与牛头、马面之类的东西颇有缘分,古人经常会把鬼与马混淆。《古今著闻集》中留下了许多诸如"鬼出现时发出人声马嘶""两万匹马嘶鸣奔踏之声"之类的记载,而且鬼出现之后会留下马蹄印,我们可以粗略推断鬼变为马一事确实发生过。此外,还有鬼变成牛的逸话。《牛马问》[18]一书写道:

> 日本习俗以丑寅之交为鬼门,人人唯恐避之不及,因为这一时刻正处于牛头虎身。后人挥动丹青妙笔将这一形象画成了妖怪。

《都绘马鉴》中的鬼

这种说法虽然有趣，但是事实是否果真如此，还是个问题。牛与鬼的渊源可见于《拾遗御伽婢子》的牛头鬼、宇和岛的祭礼与玩具中的"牛鬼"——一种介于鬼与牛之间的妖怪。

（四）鬼拥有自由隐去身形的能力。《今昔物语集》

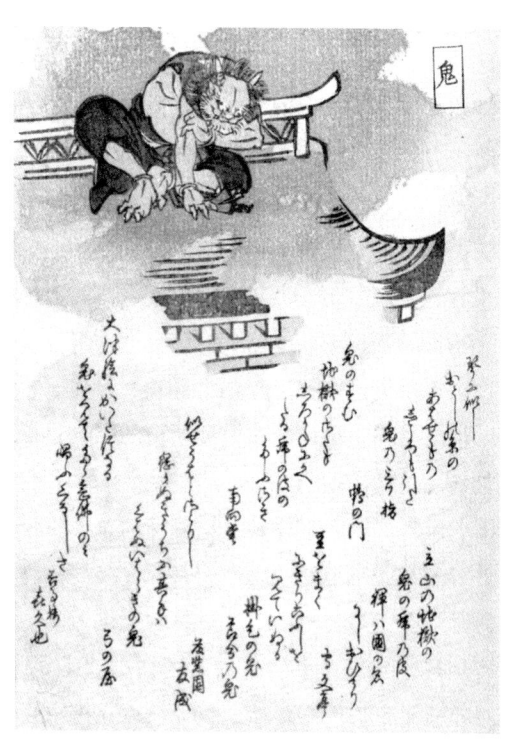

《狂歌百物语》中的鬼

有记，鬼被箭矢射中后想要逃窜，其身影一瞬之间就消失不见了。鬼往往在人看不见的状态下作恶。在原业平携女子在山科的仓库过夜，出现了肉眼不可见的鬼将女子啖食。

七

至此我们已经大体上勾勒了鬼的轮廓。鬼的能力虽不像幽灵那样全面，但也拥有：①自由隐身的能力；②变幻自如的能力；③极强的运动能力；④面对外界冲击的卓绝的抵抗力，甚至能够反弹射来的飞矢；⑤异于常人的力量，据说曾有鬼把人扔到半空中。然而如前所述，鬼的能力在后世逐渐减退，沦落到被一寸法师[19]降伏，或像在《鬼的养子》中被人类女子威胁的窘境。

自古以来，鬼最害怕追傩的方相氏[20]、神荼、郁垒以及钟馗。神荼与郁垒是住在东海度朔山的恐怖神祇，用苇索将鬼捆绑在大桃树之上，不从的鬼便被拿去喂虎。因此，芦苇、桃木、老虎都是最令鬼忌惮的东西。传说方相氏播撒五谷驱鬼，五谷尤其是豆子被鬼视为大敌。另外，平安朝的时候有正月在家门前摆放柊木与鲻鱼的习俗，后世逐渐改用柊木与鰯鱼头，这就是所谓的"柊鰯"。人们相信柊鰯能够驱鬼，但很显然，鬼大概没有理由害怕一个插在柊树枝上的鰯鱼头。

方相氏　出自《百鬼夜行拾遗》

八

　　鬼，自古以来便出现于日本人的想象之中，在平安朝成为怪谈中最常见的主题，并且延续到了镰仓时代，然而，室町时代的人们对鬼的迷信日渐淡薄，在现世出没的鬼被刻画成十分稚拙的形象，从前那些威严可畏的鬼至此绝迹。江户时代的怪谈多为幽灵奇谈，鬼只是作为怪谈历史的陈迹被提起罢了。

　　由此观之，鬼主要在中古、近古[21]时期的文艺作品中登场，近世以来完全没有值得一看的作品。时移世易，鬼在文艺上的势力随之消长，想来也是极有意思的事情。

　　关于这谈不完、说不尽的鬼，笔者想写的还有很多，但是限于篇幅，这篇风俗文艺史视角下的说"鬼"文章就到此为止吧。

注　释

1. 天魔，佛教用语，四魔之一，居于欲界第六天的他化自在天，妨碍人们行善求真。
2. 《倭名类聚抄》，又称《和名抄》，平安朝的百科辞书，源顺著，将约两千五百条汉语按照天地、人伦等二十四部，引用汉籍加以解释，标注万叶假名训读。

3. "於邇"是鬼（おに）的万叶假名训读，即为表记日语而用作表音文字的汉字。

4. 狂言，日本的传统艺术形式，产生于室町时代，是将猿乐中滑稽、鄙俗的部分戏剧化的艺术。分为独立演出的本狂言与在能剧中插演的间狂言。

5. 疑为《搜神记》误。《搜神记》卷十六："昔颛顼氏有三子，死而为疫鬼：一居江水，为疟鬼；一居若水，为魍魉鬼；一居人宫室，善惊人小儿，为小鬼。于是正岁命方相氏帅肆傩以驱厉鬼。"

6. 追傩，中国古代驱逐恶鬼、疫疠的仪式，文武天皇时期传入日本。平安朝时每年除夕在宫中举行，后来也盛行于各地的神社、寺院。

7. 即冷泉天皇（950—1011），第六十三代天皇。因体弱多病，仅在位两年就让位于圆融天皇。

8. 见《今昔物语集》卷二十七第十一篇，是年本将瘟疫横行，举国人皆病死，但大纳言伴善雄顾念蒙受国恩，就吩咐手下将瘟疫改为区区咳病。

9. 猿乐，日本古代的曲艺形式，由奈良时代时从唐朝传入的散乐演变而来，以杂技、魔术、滑稽模仿为主，室町时代的观阿弥、世阿弥父子加入田乐、曲舞的要素，发展为能乐。

10. 狛剑，又称高丽剑、环头大刀，上古时期从高丽传入日本的刀剑，柄部饰有高丽风格的金属环首。狛，高丽及广义上的朝鲜半岛的简称。

11. 天灯鬼，镰仓时代的木雕，康弁的代表作，与龙灯鬼成对，都藏于奈良兴福寺。两角、三眼、露獠牙、肌肉发达、左肩与左掌扛着灯笼的赤鬼形象。

12. 龙灯鬼，上半身被龙缠绕，双眼向上盯着头顶的灯笼，小心翼翼保持平衡的鬼的形象。

13. 《御伽酒吞童子》，别名《大江山绘词》，室町时代的御伽草子，讲述了源赖光与手下四天王前往丹波的大江山消灭妖怪酒吞童子的英雄传说。

14. 密陀绘，用密陀油（氧化铅油）与颜料调色绘出的油画，光泽鲜亮，如玉虫佛龛、橘夫人佛龛上的油画。

15. 狛犬，意为高丽犬，指神社、寺庙门前摆放的一对石狮像。最初造型似犬，平安末期之后形若狮子。

16. 大津绘，元禄年间在近江国的大津一带向旅人售卖的风俗画，以简单的墨线与着色表现朴素的幽默感。内容多为佛像、民间信仰及传说等。

17. 寒念佛，指在寒冬清晨至山野间念佛的修行方式，后指信徒在寒夜参拜寺庙。

18. 《牛马问》，宝历六年（1756）刊行的随笔集，新井白蛾著。

19. 一寸法师，日本民间传说的主人公，身长一寸，凭借机智带走爱慕的主君家女儿，降伏鬼怪后借助小宝槌的法力使身体长大，后来出世发迹，官至中纳言。

20. 方相氏，见于《周礼·夏官》："方相氏掌蒙熊皮、黄金四目、玄衣朱裳、执戈扬盾，帅百隶而时难，以索室驱疫。"在古时的追傩仪式中常令人扮演，祈求驱疫辟邪。

21. 近古，又称中世，日本史的时代划分，指镰仓时代、室町时代。

磷火

一

月色朦胧，星辰暗淡，微温的风柔和地吹过，一团火焰在屋檐下幽然地曳尾飞行，人们将其称作"人魂"。即使在白昼也幽暗阴森的墓场，相邻的卒塔婆之间有什么忽闪而过，青白色的火焰无声地燃烧、熄灭，不意间又燃起，这团火被人们称为"幽灵火"。细雨淅沥的草原上，弥漫着腥味的风拂动草叶，寂寂长夜，对面的田埂处升起一团忽而青色、忽而赤色的心火，这就是世人口中的"提灯火"。凡此种种均属于"磷火"。磷火的真面目究竟是什么呢？

在山冈元邻[1]家中举办的百物语会上，有一人说道："那是去年五月时的事了。我去西冈参诣，途中下起雨来，暮色已深，四周不见有行人。我不由感到几分寒意。这时候，我看见有团火焰像皮球一样从西院的大树后飞出来，在草丛间忽上忽下地浮游。俗话说，越怕越想看。那火焰也不往外飞，只是不断地上下翻飞罢了。我一下子意识到这是怪火，整个人怔在原地，眼睁睁地看着火焰迅速飞远了。"元邻判断这团火焰就是西冈的"钓瓶火"。《百物语评判》记述了这段故事。磷火种类繁多，诸如丹波国保津川的"姥火"、壬生寺的"宗源火"、原野上的"提灯火"，还有"摇火""野宿火""老人火"，等等。"姥火"本是一个每日在保津川边淘米的老婆婆，一日她不慎失足掉进湍流，独自一人凄惨死去。她的魂魄化作一团火焰，每夜在河川边出没。(《百物语评判》)"野宿火"并非在通衢、山野间由人点燃的火，而是自发地燃烧、熄灭的火焰。据说有人去野山游玩时听见野宿火发出人声。若逢雨夜，"老人火"会出现在信州、远州国境的深山里，据说如若遇到老人火，只要将鞋顶在头上，它就会飞往他处；否则它会始终纠缠着你。(《绘本百物语》)文禄年间，伊势国有个名叫深见喜平的武士，爱上了夫人的侍从杉谷源次，他将自己比伊势海还要深的恋心写进和歌，塞进源次的衣袖中。但未承想，源次满不在乎地把这首和歌泄露出来，恼羞成怒的喜平杀害了源次后自尽身亡。此后，这座坟墓前每晚都有火球出现，所以人们再也不在黄昏以后来这里。这一桩逸事记载在《狗张子》中。

  这样的火大多数只是明灭闪烁地燃烧，或者进行某种单调的运动罢了。我们知道，妖怪化物一般可以分为两种，能够知晓其真面目的妖怪化物与永远处于神秘暗处中的妖怪化物。这种分类同样适用于磷火，就像世间既有肉体陨灭、灵魂残留人世化作的火焰，也有来历不明的怪火。

二

方才描述的心火都是独自出现的，其实伴随幽灵与妖怪而出现的情况也很普遍。武州的浅草附近有一富豪，深川的灵岩寺的僧人智闲对他的女儿一见钟情。饱受这份无望之恋的煎熬后，智闲索性自沉深川一死了之。他死后变为亡灵，堕入恶趣，从猛烈燃烧的火焰中显现出虚幻的身形，将女子吓得昏厥过去。(《拾遗御伽婢子》)还有一桩怪谈中有幽灵喷火的情节。宽永年间，某禅僧珍藏的钵被另一个天台宗的僧人摔碎了，他怀恨在心，甚至死后化为亡灵，脸色青绿，双目如星，立在半空中，火焰随着他痛苦的吐息而喷出。(《拾遗御伽婢子》)《北野天神缘起》也描绘了菅原道真的灵魂喷火的著名场景。

日后，这团火焰不断地进化，在人间大显身手。越中国的富山有个叫源八的人，某日的黄昏时分，他恰好走到大和国的暗山隘。独自一人走在崎岖山道上，这让他心中忐忑不安。忽然，一团大小如鞠的磷火迎面飘来，源八吓得身体瑟缩成一团，但火球飞到源八的周围，不久分裂成两团，火中传来女子的啜泣声，缓缓地浮现出一个女子的身姿。后来又飘来两团磷火，同样是分裂后化作两个男子，为了占有这女子而争执起来。最终两人都刺中了对方，倒伏在女子的身上。这就是源八所目睹的另一个世界的恐怖光景。(《太平百物语》)

据说芭蕉曾在某个秋日的夕暮时分路过肥前国佐贺的小佐川河畔，从溪谷中燃起一团青色的球形火，飘浮到桥上，破碎成纤小的火苗，只听见一个微弱的声音在呼唤道："阿丰、阿丰。"这时从河川下游也燃起一团阴火，回应道："啊……啊……"两团阴火相对而泣，消失在茫茫暮色中。(《行脚怪谈袋》)

芭蕉遇到的磷火是自发产生的，但是也有依从他人意志出现的磷火。

近江国的沼田有一种"小右卫门火"。相传此地有个名叫小右卫门的村长，性情暴虐，苛待村中百姓，为人所憎恶。后来，他的恶行败露，被官府判处重罪，枭首示众。然而，他的怨念化作磷火，夜复一夜在村中出没。村人大为惊骇，家家户户在日落后都紧闭门户，不敢外出。某年，一群江湖艺人来此地演出，听说了这件奇事，有一人问道："今夜也会出现吗？真想一睹为快！"说着，他打开窗扇，果见从奈良井方向飘来一团火。有人说："戏台上幽灵出现时必有笛声伴奏，我们何不吹响笛子，看看这团火会去向何处呢？"剧班里有个名唤善兵卫的人奏响笛声，一曲悠长，一曲短促，如怨如诉，不绝如缕。于是，火球闻声而来，约莫有五六间的距离时，众人看见青火中有一个面色煞白的男子，不禁毛骨悚然起来，慌忙止住笛声，紧闭门户。善兵卫提议：这时应该一口干掉杯中的烫酒，抓起一把三味线弹些热闹的曲子。于是，屋中众人赶紧闹出点动静，那团火便逐渐飞远了。(《御伽厚化妆》)

三

在文艺作品之中，磷火是幽灵出现前的铺垫，或是与幽灵一同出现，有时还会做出各种令人恐惧的行为。

试看月池山人[2]的《儿渊仇讨》中僧人海典杀死女子阿仙的段落：

（海典）一刀扎进阿仙的身体，她的手脚拼命地挣扎着，在狂乱中逐渐没了气息。不可思议的是，从阿仙的伤口中浮出一团灼烧的阴火，飞入海典的怀中。只见海典疯狂地手舞足蹈起来，一如地上那个刚

遭到怨灵阴火复仇的星影土右卫门　出自《浅间岳面影草纸》

刚死去的女人……

阿仙灵魂的阴火的复仇显示出骇人的威力。

阴火的出现与幽灵之间的关系大致能够分为以下三类：

（一）阴火被视为幽灵的附属，在幽灵出现之前或出现之时出现。

（二）阴火与幽灵的出现完全没有关联，反而作为幽灵的象征出现。

（三）阴火与幽灵合为一体后出现。

下面我们逐一来举例说明这三种情况。

第一种类型的典例是山东京传的《稻妻表纸》，有个叫藤波的女子的幽灵戏弄三八郎：

> 三八郎无意中向后看了一眼，怪哉！忽然间燃起一团心火，藤波的怨灵隐约浮现，拽住三八郎不让他走。

第二种类型可见柳亭种彦的《逢州执着谭》，一个名叫时鸟的女子被残忍杀害后化作阴火，做出种种令人震悚的怪事来：

> 那好生可怜的时鸟又来恶作剧了。随着一阵凶嚣的鸣叫，从插花的水盘中飞出一团阴火，啼叫着："不如归！不如归！"听见这不合时宜的怪异啼声，他抬头向上看，方才还映着辉光的明月霎时间朦胧起来，风声瑟瑟。……这人小心翼翼地点燃灯火，朝那边看，只见琴弦间有一个染血的手印，在水中散开的鲜血仿佛在描摹着飘落入水的红叶。他心中万分惊恐，一动也不敢动。有个声音喧笑道："又来了！又来了！看，果如我所说的吧！"那笑声在耳边环绕，却不见其人。从幔帐后飞出三团阴火，飞向遥远而朦

胧的云端。

这则故事中的阴火几乎等同于幽灵,在人间非常活跃。

第三种类型是式亭三马[3]的《敌讨宿六始》中刈萱种成、桔梗二人的亡灵被阴火包覆,合二为一:

> 一团阴火飞来,骤然一分为二,从中飞出两颗黑发披散的男女人头,在空中盘旋飞舞。

阴火的行动看来非常自由,能够随心所欲地合为一体或是分成数团火焰。根据锦绘所示,阴火的颜色通常是黄色混合红色,或者黄色混合青色,格外凄绝可怖。偶尔也会有紫色的阴火出现,《逢州执着谭》中的一段文字点明了阴火变化无常的特点:

> 蝴蝶不禁发出哀鸣。她被捉住放倒在地,被人用膝盖狠狠抵住胸脯,鲜血喷涌而出,洒在水边的紫燕花上,将花染成了红色。不可思议的是,死去的蝴蝶化作一缕紫色的阴火……

四

正如山冈元邻在《百物语评判》中所说，人间有三种火，分别为天火、地火与人火。天火是指流星的飞火、龙火、雷火，地火是指伐树或击石迸发的火，人火即是人的灵魂之火。不过，人火又分为阳火与阴火，阳火能够灼烧物体，而阴火不能。我们所说的命门之火、人魂都属于阴火，它们虽然无法点燃其他东西，但是遇水也不会熄灭。因此，即使是风雨交加的日子，那团火也依然燃烧。

从民间传说到文艺作品，随处可见心火活跃的身影，人们不断将其理想化，愈加凄惨，也愈加美丽。就这样，它至今在怪谈中占据着一种神秘的位置。

注 释

1. 山冈元邻（1631—1672），江户时代前期的假名草子作家、俳人、国学家，字德甫，著有俳文集《宝藏》。
2. 即关亭传笑，生卒不详，江户时代后期的通俗文学作家，别号月池山人、幽篁庵。代表作有《怪谈梅草纸》《敌讨寝物语》等。
3. 式亭三马（1776—1822），江户时代后期的通俗文学作家，本名菊地久德，有游戏堂、四季山人等别号。经营旧书屋、药铺维生，以描写江户城市井生活百态的滑稽读本而著称。代表作有《浮世澡堂》《浮世理发馆》等。

编修附记

一、本书是以《日本妖怪化物史》(日本妖怪変化史，中外出版，1923年10月)的再版(同年12月)为底本，增补《文艺作品中的鬼》(文芸上に表われたる鬼)、《磷火》(火の玉，载于《风俗研究》第87号，1927年)二篇的文库本(1976年7月)。

二、改版(中公文库BIBLIO版、2004年6月)之际，标题作及《文艺作品中的鬼》以《江马务著作集》第6卷(江馬務著作集，中央公论新社，2002年)、《磷火》以同书第11卷为底本进行订正。另，新收录单行本初版的《自序》。

索　引

（本索引以原版索引为基础，仅罗列日语词出现的原文页码。篇目及图注文字未列入索引。）

あ行

青女房	青女房	93,116
青坊主	青坊主	117
赤鱏	赤鳐	96,98,108
赤舌	赤舌	94
垢嘗	垢尝	80,118
油赤子	油赤子	117,118
天狗（あまつきつね）	天狗	19
天窟戸	天岩户	16,126
雨女	雨女	116
雨降小僧	雨降小僧	117
あやかし	海蛇	95
文石小麻呂	文石小麻吕	18
生霊	生灵	14,22,23,24,25,31,32,36,42,50,62,84,88,103
囲碁（碁、碁石）	围棋	45,79,88,110
伊弉諾尊	伊弉诺尊	17
伊弉冉尊	伊弉冉尊	16

磯撫	矶抚	95
以津真天	以津真天	94
因幡白兎	因幡白兔	17
犬	犬（狗）	21,30,38,55,122,127,146
猪	野猪	24,25,38
蚖	蜥蜴	38,41
鰯の頭	鰯鱼头	151
陰火	阴火	83,84,85,114,115,141,157,158,159,160,161
牛鬼	牛鬼	94,149
姥ヶ火	姥火	81,107,155
産女（姑獲鳥）	产女（姑获鸟）	98,116,117
海座頭	海座头	47,93,117
海坊主	海坊主	13,81,106,117
梅若丸の霊	梅若丸的亡灵	61
盂蘭盆	盂兰盆	63,78,126,139
雲雷	云雷	46
榎の精	朴树精	43,71
絵馬	绘马	44,46,71,72,110
閻魔の庁	阎魔殿	57
お岩	阿岩	62,63,106,113
大禿	大秃	117
大国主命	大国主命	17
大座頭	大座头	117
大鯰	大鲶	23
大入道	大入道	65,106,108,121
長壁	长壁	47,80

白粉婆	白粉婆	93,117
踊り首	舞首	104
鬼	鬼	6,15,18,19,20,21,22,23,25,27,28,30,40,44,45,46,47,48,49,55,56,57,58,63,64,65,68,69,70,72,73,74,75,77,78,80,81,83,85,86,92,94,95,96,98,100,101,108, 111,112,113,120,122,123,126,132,133,134,135,136,137,138,139,140,141,142,143,144,145,146,147,148,149,150,151
鬼婆	鬼婆	81
鬼火	鬼火	83,141
朧車	胧车	99
陰摩羅鬼	阴摩罗鬼	94

か行

骸骨	骸骨	20,34,88,89,106
貝児	贝儿	101
餓鬼	饿鬼	63,68,72,111,112,113,145,147
楽屋人形	净琉璃后台的人偶	96
かぐや姫	辉夜姫	101
影女	影女	116
元興寺	元兴寺	47,80,101,108
累の霊	阿累	62
鍛冶ヶ媼	锻冶媪	99
片輪車	片轮车	47,75,89,100,116,122
河童	河童	13,48,49,81,89,94
鎌鼬	镰鼬	73

鎌田又八	镰田又八	113
髪切	发切	48,107,108
雷女	雷女	116
亀	龟	20,35,38,39,85,88,103
川赤子	川赤子	117
獺	水獭	38,41
河太郎	河太郎	13,47
岸涯小僧	岸涯小僧	81,94,117
吉六虫	吉六虫	34,108
狐	狐（狐狸）	14,21,22,24,25,26,36,38,42,49,65,66,71,72,73,75,83,85,89,92,95,96,100,102,120,121,122,125,127,129
狐憑	狐狸附身	26,36
狐火	狐火	83
吉備津の釜	吉备津之釜	96
清姫	清姫	64
櫛稲田姫	栉稲田姫	17
蜘蛛	蜘蛛	24,32,38,39,40,111,124
黒塚	黑冢	81,117
毛羽毛現	毛羽毛现	48,94
毛倡妓（毛女郎）	毛娼妓（毛女郎）	93,116
玄象	玄象	69,73,137

さ行

| 佐倉宗吾の霊（佐倉宗五郎の霊） | 佐仓宗吾的灵魂（佐仓宗五郎的灵魂） | 113 |

酒買い小僧	买酒小僧	118
覚	觉	47,80,93,122
猿	猿（猿猴）	13,38,40,41,61,69,72,110,111,143,144
聖徳太子	圣徳太子	21,100
女郎蜘蛛	女郎蜘蛛	38,40,111
死霊	死灵	22,24,31,32,36,37,42,50,62,63,103
白狗	白狗	18
心火	心火	83,84,85,141,154,156,159,161
人火	人火	161
人面樹	人面树	95
菅原道真（菅公）	菅原道真（菅公）	63,91,92,103,110,139,156
少彦名命	少彦名命	17
朱雀門	朱雀门	69,137
素戔嗚尊	素戈鸣尊	16,18
鼉	鳖	37,65,88
雪隠化物	雪隐妖怪	80,118
錢神	钱神	86
箏	箏	22,57
宗源火	宗源火	81,107,155
僧旻	僧旻	19
た行		
大蛇	大蛇	16,20,100
松明丸	松明丸	94,100
高女	高女	116
高天原	高天原	17
高皇産霊神	高皇产灵神	17

狸	狸（狸猫）	14,15,24,38,39,42,49,72,95,96,102,127,129
千々古	千千古	48,98
地火	地火	161
魑魅	魑魅	94
提灯火	提灯火	48,107,154,155
土蜘蛛	土蜘蛛	124,125
恙（虫）	恙（虫）	21,74,76,95,108
鶴亀の精	鶴亀精	88
釣瓶下し	钓瓶落	107
釣瓶火	钓瓶火	155
手洗鬼	手洗鬼	108
天狗（てんぐ）	天狗	19,20,23,27,28,48,54,67,72,73,79,88,112,121,125,132,147
天火	天火	161
髑髏（どくろ、されこうべ、ひとかしら）	骷髅	20,28,71
豊玉姫	丰玉姫	17
な行		
人魚	人鱼	48,95
鵺	鵺	14,55,94
濡女	濡女	116
猫	猫	24,30,36,37,38,39,122,134
鼠	鼠	23,29,30,38,40
寝太り	寝肥	35
野宿火	野宿火	155
のっぺらぼう	野篦坊	48,98

野寺坊	野寺坊	117
野衾	野衾	94

は行

白蛇	白蛇	42,58
白蔵主	白藏主	81
歯黒べったり	齿黑	47
婆山（婆娑）	婆山（婆娑）	94
芭蕉の精	芭蕉精	44
蛤の作った蜃気楼	蛤蜊造出的海市蜃楼	96
反魂香	返魂香	76
大戟	柊木	151
蟇	蛤蟆	39
火消婆	火消婆	117
彦火々出見命	彦火火出见命	17
魃	魃	94
人魂	人魂	154,161
一ツ目小僧	一目小僧	47
火の玉	磷火	76,84,129,154,155,156,157,158
ひまむしょ入道	火间虫入道	118
百鬼夜行の日	百鬼夜行之日	78,139
ひょうすべ	兵主部	94
屏風のぞき	屏风窥	116,118

日和坊	日和坊	96
琵琶	琵琶	40,69,73,137
袋貉	袋貉	101
二口女	二口女	35
船幽霊	船幽灵	81
ぶらり火	摇火	107,155
文福茶釜	文福茶壶	95
蛇	蛇	13,16,18,20,26,34,38,40,42,55,58,61, 63,64,78,93,95,100,123
変化	化物	5,6,7,8,12,13,14,15,16,17,18,19,22,29, 31,47,49,50,51,52,59,61,62,64,65,72, 74,75,76,77,78,79,81,83,85,87,88,89, 100,104,107,108,110,113,114,116,117, 119,120,121,124,126,127,128,129,132, 155
骨女	骨女	116

ま行

枕返し	枕返	48,107,108
見越入道	见越入道	47,89,117
水の精	水精	26,27,88
罔象女	罔象女	16
鵺鶏	鵺鶏	17
三ツ目小僧	三目小僧	47,89
都良香	都良香	70,138
鼯（むささび）	飞鼠	24,94
貉	貉	19,101
物部守屋	物部守屋	21

や行

夜行遊女	夜行游女	98
柳女	柳女	99,116
柳の精	柳精	43
柳婆	柳婆	47,99,117
山男	山男	47,80
山地々	山地乳	47,80,93,94
八岐大蛇	八岐大蛇	16,100
山彦	山彦	46,94,96
山姥	山姥	47,62,80
幽霊	幽灵	5,6,14,15,18,22,23,29,31,33,36,42,48,49,50,53,60,61,62,67,69,70,74,76,78,79,80,81,83,84,85,91,92,104,105,106,107,113,114,116,117,120,123,125,126,128,129,135,139,140,141,142,150,151,154,156,157,158,159,160
雪女	雪女	47,78,93
妖怪	妖怪	5,6,7,8,12,13,14,15,16,17,18,19,21,22,27,28,29,30,31,35,38,47,48,49,50,51,52,58,59,67,68,72,73,74,75,76,77,78,79,80,81,83,85,86,87,88,89,92,93,100,104,107,108,110,113,114,116,117,119,120,122,124,126,127,128,129,132,155,156
四谷怪談	四谷怪谈	62,106,117
黄泉国	黄泉国	17
黄泉醜女	黄泉丑女	18

ら行
雷神	雷神	96
離魂病	离魂病	35
竜王	龙王	103
老人火	老人火	155
轆轤首	辘轳首	35

わ行
| わいら | 猥裸 | 94 |
| 輪入道 | 轮入道 | 47,100 |

译后记

王子豪

关于日本妖怪的真面目众说纷纭，有的妖怪或许是被遗忘的昔日神祇，有些见于古籍的妖怪或许是大和王权成立时期被征服的原住民，有的是来自唐土甚至天竺的异域想象，有的妖怪显而易见催生自道德训诫，为了"止小儿夜啼"或是给娶进门的妻子画地为牢。在怪谈盛行的江户时代，不少浮世绘师、文学作者们热衷于杜撰那些妖冶诡怪的形象与绮谭，这些诞生自个人创作或者共同幻想的妖怪溜出熙熙攘攘的江户城，流传到日本各地，附会、衍生、翻案出许多新生的"古老"传说……

那么，妖怪究竟是什么？

这一追问始自明治时代的"妖怪博士"井上圆了，他试图从近代合理主义的立场扑灭"妖怪"的迷信。井上语境的"妖怪"远比当代的妖怪概念更广泛。他在《妖怪学讲义》的绪言中写道："仰望天文，日月星辰，秩然而罗列者，妖怪也；俯察地理，山川草木，郁然而森立者，皆妖怪也。"[1] 在井上圆了看来，疾病、占卜魔法、民间土方乃至育儿经都是所谓的妖怪,亦即所有非理性的思考与迷信都是需要被克服的"妖怪"。因此,"妖怪学者,经纬哲学之道理,而向四方上下,开达其应用之道路者也"。[2]

井上妖怪学充满了明治时代的启蒙特质。可是一旦科学从物理、心理的角度将妖怪划分为物怪、心怪、理怪,预设好妖怪背后的实体之后,妖怪就随前现代的黑夜一同消逝了。其后的妖怪研究中,无论是用"零落了的神"(柳田国男语)还是用"日本的原住民"(坪井正五郎语)来阐释妖怪,都是理性地否定妖怪存在之后再去证明妖怪的实体。

在日本妖怪学的谱系中,江马务的《日本妖怪化物史》处于井上妖怪学的对立面。江马的"妖怪"概念接近我们现在的用法,或许我们可以把他的工作视为挽救那些和迷信一起被囫囵葬送的可怜妖怪。江马在自序中开宗明义,追问妖怪的存在是件无用功,因为妖怪确实存在于日本人的历史——在王朝文学的字里行间,在镰仓、室町两代的绘卷之上,在江户时代的町人口耳相传的怪谈之中。江马摒弃了对妖怪的自然科学式探究,转而从历代的文献、绘画乃至出土文物中探寻妖怪的历史变迁。在他看来,妖怪的实体就是妖怪本身。江马风俗史学的妖怪史写作把妖怪归还给想象与象征的纯粹嬉戏,无怪乎妖怪学研究者香川雅信指出："妖怪终于与它背后的实体分割开来,具备了作为表象或想象力的产物被分析的可能性。这可以说是作为人文科学的妖怪学诞生的瞬间。"

> 世间的人、动物、植物、器物、自然物都不过是镜花水月的假象,森罗万象之间自有其联系,而凭借一己之执念就能够在诸般物象间往来无阻者,即为妖怪化物。

这段话写出了江马务眼中妖怪最堪羡慕的能力——变化。当我们进入不断试图克服超越性存在的近代世界之后,曾经栖息在黑夜、阴影以及人类的恐惧之中的妖怪显得那么不合时宜,因为它们精通变化,凭着巧妙的变化术在森严分明的形象秩序中横冲直撞、变动不居。妖怪是反逻辑化或者反近代的存在,无一席之地却天高地遥,这也许就是妖怪的迷人之处。

江户时代的草子写下狸猫变成茶壶的昔话,昭和年代的孩子听说狸猫会变成蒸汽火车,1994年吉卜力的动画电影《平成狸合战》、2013年的动画《有顶天家族》仍在续写着狸猫在现代的绮丽物语。你瞧,世界上的妖怪与梦从来不会结束。

附

本书注释均为译者所加。对于书中未加解释的妖怪，译者均予加注，对妖怪形象的描述大体依照江户时代的浮世绘师鸟山石燕的《画图百鬼夜行》《今昔画图续百鬼》等妖怪画集及其解说，部分参阅千叶干夫编纂的《全国妖怪事典》。

关于妖怪的译名，日文中以汉字书写者尽量保留汉字，以假名书写者则取意译，在译名后或注释中标注日文假名。

在作者依据的古典著作中，现今唯《今昔物语集》有汉语全译本，平安朝及镰仓时代的故事集大都有现代日语译本，曲亭马琴、式亭三马等名家的浮世草子多有单行本传世，日本国书刊行会出版的《德川文艺类聚》第四卷收录了本书提及的大部分江户时代的怪谈集，有兴趣的读者可以对照阅读。

注 释

1. ［日］井上圆了：《妖怪学讲义》，蔡元培译，2页。北京：人民出版社，2014年。
2. 同上，3页。